# COREANO
## VOCABULÁRIO

PORTUGUÊS BRASILEIRO

# PORTUGUÊS
# COREANO

Para alargar o seu léxico e apurar
as suas competências linguísticas

**7000 palavras**

# Vocabulário Português Brasileiro-Coreano - 7000 palavras

Por Andrey Taranov

Os vocabulários da T&P Books destinam-se a ajudar a aprender, a memorizar, e a rever palavras estrangeiras. O dicionário é dividido em temas, cobrindo todas as principais esferas de atividades quotidianas, negócios, ciência, cultura, etc.

O processo de aprendizagem, utilizando os dicionários baseados em temáticas da T&P Books dá-lhe as seguintes vantagens:

- Informação de origem corretamente agrupada predetermina o sucesso em fases subsequentes da memorização de palavras
- Disponibilização de palavras derivadas da mesma raiz, o que permite a memorização de unidades de texto (em vez de palavras separadas)
- Pequenas unidades de palavras facilitam o processo de estabelecimento de vínculos associativos necessários para a consolidação do vocabulário
- O nível de conhecimento da língua pode ser estimado pelo número de palavras aprendidas

T&P Books Publishing
www.tpbooks.com

ISBN: 978-1-78767-332-8

Este livro também está disponível em formato E-book.
Por favor visite www.tpbooks.com ou as principais livrarias on-line.

# VOCABULÁRIO COREANO
## palavras mais úteis

Os vocabulários da T&P Books destinam-se a ajudar a aprender, a memorizar, e a rever palavras estrangeiras. O vocabulário contém mais de 7000 palavras de uso comum organizadas tematicamente.

O vocabulário contém as palavras mais comummente usadas

Recomendado como adicional para qualquer curso de línguas

Satisfaz as necessidades dos iniciados e dos alunos avançados de línguas estrangeiras

Conveniente para o uso diário, sessões de revisão e atividades de auto-teste

Permite avaliar o seu vocabulário

### Características especias do vocabulário

- As palavras estão organizadas de acordo com o seu significado, e não por ordem alfabética
- As palavras são apresentadas em três colunas para facilitar os processos de revisão e auto-teste
- As palavras compostas são divididas em pequenos blocos para facilitar o processo de aprendizagem
- O vocabulário oferece uma transcrição simples e adequada de cada palavra estrangeira

### O vocabulário contém 198 tópicos incluindo:

Conceitos básicos, Números, Cores, Meses, Estações do ano, Unidades de medida, Roupas & Acessórios, Alimentos & Nutrição, Restaurante, Membros da Família, Parentes, Caráter, Sentimentos, Emoções, Doenças, Cidade, Passeios, Compras, Dinheiro, Casa, Lar, Escritório, Trabalho no Escritório, Importação & Exportação, Marketing, Pesquisa de Emprego, Esportes, Educação, Computador, Internet, Ferramentas, Natureza, Países, Nacionalidades e muito mais ...

# TABELA DE CONTEÚDOS

# GUIA DE PRONUNCIAÇÃO

| Letra | Exemplo Coreano | Alfabeto fonético T&P | Exemplo Português |
|---|---|---|---|

## Consoantes

| Letra | Exemplo Coreano | Alfabeto fonético T&P | Exemplo Português |
|---|---|---|---|
| ㄱ [1] | 개 | [k] | aquilo |
| ㄱ [2] | 아기 | [g] | gosto |
| ㄲ | 껌 | [k] | [k] tensionada |
| ㄴ | 눈 | [n] | natureza |
| ㄷ [3] | 달 | [t] | tulipa |
| ㄷ [4] | 사다리 | [d] | dentista |
| ㄸ | 딸 | [t] | [t] tensionada |
| ㄹ [5] | 라디오 | [r] | riscar |
| ㄹ [6] | 십팔 | [l] | libra |
| ㅁ | 문 | [m] | magnólia |
| ㅂ [7] | 봄 | [p] | presente |
| ㅂ [8] | 아버지 | [b] | barril |
| ㅃ | 빵 | [p] | [p] tensionada |
| ㅅ [9] | 실 | [s] | sanita |
| ㅅ [10] | 옷 | [t] | tulipa |
| ㅆ | 쌀 | [ja:] | Himalaias |
| ㅇ [11] | 강 | [ŋg] | flamingo |
| ㅈ [12] | 집 | [tɕ] | tchetcheno |
| ㅈ [13] | 아주 | [dʑ] | tajique |
| ㅉ | 짬 | [tɕ] | [tch] tensionado |
| ㅊ | 차 | [tɕh] | [tsch] aspirado |
| ㅌ | 택시 | [th] | [t] aspirada |
| ㅋ | 칼 | [kh] | [k] aspirada |
| ㅍ | 포도 | [ph] | [p] aspirada |
| ㅎ | 한국 | [h] | [h] aspirada |

## Vogais e combinações com vogais

| Letra | Exemplo Coreano | Alfabeto fonético T&P | Exemplo Português |
|---|---|---|---|
| ㅏ | 사 | [a] | chamar |
| ㅑ | 향 | [ja] | Himalaias |
| ㅓ | 머리 | [ʌ] | fax |

| Letra | Exemplo Coreano | Alfabeto fonético T&P | Exemplo Português |
|---|---|---|---|
| ㅕ | 병 | [jɑ] | Himalaias |
| ㅗ | 몸 | [o] | lobo |
| ㅛ | 표 | [jɔ] | ioga |
| ㅜ | 물 | [u] | bonita |
| ㅠ | 슈퍼 | [ju] | nacional |
| ㅡ | 음악 | [ɪ] | sinônimo |
| ㅣ | 길 | [i], [iː] | sinônimo |
| | | | |
| ㅐ | 뱀 | [ɛ], [ɛː] | mover |
| ㅒ | 얘기 | [je] | folheto |
| ㅔ | 펜 | [e] | metal |
| ㅖ | 계산 | [je] | folheto |
| ㅘ | 왕 | [wa] | Taiwan |
| ㅙ | 왜 | [ʊə] | adoecer |
| | | | |
| ㅚ | 회의 | [ø], [we] | orgulhoso, web |
| ㅝ | 권 | [uɔ] | álcool |
| ㅞ | 웬 | [ʊə] | adoecer |
| ㅟ | 쥐 | [wi] | quiuí |
| ㅢ | 거의 | [ɯi] | combinação [ɪi] |

# Comentários

1 no início de uma palavra
2 entre sons vocalizados
3 no início de uma palavra
4 entre sons vocalizados
5 no fim de uma sílaba
6 no fim de uma sílaba
7 no início de uma palavra
8 entre sons vocalizados
9 no fim de uma sílaba
10 no fim de uma sílaba
11 no fim de uma sílaba
12 no início de uma palavra
13 entre sons vocalizados

# ABREVIATURAS
## usadas no vocabulário

## Abreviaturas do Português

| | | |
|---|---|---|
| adj | - | adjetivo |
| adv | - | advérbio |
| anim. | - | animado |
| conj. | - | conjunção |
| desp. | - | esporte |
| etc. | - | Etcetera |
| ex. | - | por exemplo |
| f | - | nome feminino |
| f pl | - | feminino plural |
| fem. | - | feminino |
| inanim. | - | inanimado |
| m | - | nome masculino |
| m pl | - | masculino plural |
| m, f | - | masculino, feminino |
| masc. | - | masculino |
| mat. | - | matemática |
| mil. | - | militar |
| pl | - | plural |
| prep. | - | preposição |
| pron. | - | pronome |
| sb. | - | sobre |
| sing. | - | singular |
| v aux | - | verbo auxiliar |
| vi | - | verbo intransitivo |
| vi, vt | - | verbo intransitivo, transitivo |
| vr | - | verbo reflexivo |
| vt | - | verbo transitivo |

# CONCEITOS BÁSICOS

## Conceitos básicos. Parte 1

### 1. Pronomes

| | | |
|---|---|---|
| eu | 나, 저 | na |
| você | 너 | neo |
| ele | 그, 그분 | geu, geu-bun |
| ela | 그녀 | geu-nyeo |
| ele, ela (neutro) | 그것 | geu-geot |
| nós | 우리 | u-ri |
| vocês | 너희 | neo-hui |
| o senhor, -a | 당신 | dang-sin |
| eles, elas | 그들 | geu-deul |

### 2. Cumprimentos. Saudações. Despedidas

| | | |
|---|---|---|
| Oi! | 안녕! | an-nyeong! |
| Olá! | 안녕하세요! | an-nyeong-ha-se-yo! |
| Bom dia! | 안녕하세요! | an-nyeong-ha-se-yo! |
| Boa tarde! | 안녕하세요! | an-nyeong-ha-se-yo! |
| Boa noite! | 안녕하세요! | an-nyeong-ha-se-yo! |
| cumprimentar (vt) | 인사하다 | in-sa-ha-da |
| Oi! | 안녕! | an-nyeong! |
| saudação (f) | 인사 | in-sa |
| saudar (vt) | 인사하다 | in-sa-ha-da |
| Tudo bem? | 잘 지내세요? | jal ji-nae-se-yo? |
| E aí, novidades? | 어떻게 지내? | eo-tteo-ke ji-nae? |
| Tchau! Até logo! | 안녕히 가세요! | an-nyeong-hi ga-se-yo! |
| Até breve! | 또 만나요! | tto man-na-yo! |
| Adeus! (sing.) | 잘 있어! | jal ri-seo! |
| Adeus! (pl) | 안녕히 계세요! | an-nyeong-hi gye-se-yo! |
| despedir-se (dizer adeus) | 작별인사를 하다 | jak-byeo-rin-sa-reul ha-da |
| Até mais! | 안녕! | an-nyeong! |
| Obrigado! -a! | 감사합니다! | gam-sa-ham-ni-da! |
| Muito obrigado! -a! | 대단히 감사합니다! | dae-dan-hi gam-sa-ham-ni-da! |
| De nada | 천만이에요 | cheon-man-i-e-yo |
| Não tem de quê | 천만의 말씀입니다 | cheon-man-ui mal-sseum-im-ni-da |
| Não foi nada! | 천만에 | cheon-man-e |

| Desculpa! | 실례! | sil-lye! |
| Desculpe! | 실례합니다! | sil-lye-ham-ni-da! |
| desculpar (vt) | 용서하다 | yong-seo-ha-da |

| desculpar-se (vr) | 사과하다 | sa-gwa-ha-da |
| Me desculpe | 사과드립니다 | sa-gwa-deu-rim-ni-da |
| Desculpe! | 죄송합니다! | joe-song-ham-ni-da! |
| perdoar (vt) | 용서하다 | yong-seo-ha-da |
| por favor | 부탁합니다 | bu-tak-am-ni-da |

| Não se esqueça! | 잊지 마십시오! | it-ji ma-sip-si-o! |
| Com certeza! | 물론이에요! | mul-lon-i-e-yo! |
| Claro que não! | 물론 아니에요! | mul-lon a-ni-e-yo! |
| Está bem! De acordo! | 그래요! | geu-rae-yo! |
| Chega! | 그만! | geu-man! |

## 3. Números cardinais. Parte 1

| zero | 영 | yeong |
| um | 일 | il |
| dois | 이 | i |
| três | 삼 | sam |
| quatro | 사 | sa |

| cinco | 오 | o |
| seis | 육 | yuk |
| sete | 칠 | chil |
| oito | 팔 | pal |
| nove | 구 | gu |

| dez | 십 | sip |
| onze | 십일 | si-bil |
| doze | 십이 | si-bi |
| treze | 십삼 | sip-sam |
| catorze | 십사 | sip-sa |

| quinze | 십오 | si-bo |
| dezesseis | 십육 | si-byuk |
| dezessete | 십칠 | sip-chil |
| dezoito | 십팔 | sip-pal |
| dezenove | 십구 | sip-gu |

| vinte | 이십 | i-sip |
| vinte e um | 이십일 | i-si-bil |
| vinte e dois | 이십이 | i-si-bi |
| vinte e três | 이십삼 | i-sip-sam |

| trinta | 삼십 | sam-sip |
| trinta e um | 삼십일 | sam-si-bil |
| trinta e dois | 삼십이 | sam-si-bi |
| trinta e três | 삼십삼 | sam-sip-sam |

| quarenta | 사십 | sa-sip |
| quarenta e um | 사십일 | sa-si-bil |

| | | |
|---|---|---|
| quarenta e dois | 사십이 | sa-si-bi |
| quarenta e três | 사십삼 | sa-sip-sam |
| | | |
| cinquenta | 오십 | o-sip |
| cinquenta e um | 오십일 | o-si-bil |
| cinquenta e dois | 오십이 | o-si-bi |
| cinquenta e três | 오십삼 | o-sip-sam |
| | | |
| sessenta | 육십 | yuk-sip |
| sessenta e um | 육십일 | yuk-si-bil |
| sessenta e dois | 육십이 | yuk-si-bi |
| sessenta e três | 육십삼 | yuk-sip-sam |
| | | |
| setenta | 칠십 | chil-sip |
| setenta e um | 칠십일 | chil-si-bil |
| setenta e dois | 칠십이 | chil-si-bi |
| setenta e três | 칠십삼 | chil-sip-sam |
| | | |
| oitenta | 팔십 | pal-sip |
| oitenta e um | 팔십일 | pal-si-bil |
| oitenta e dois | 팔십이 | pal-si-bi |
| oitenta e três | 팔십삼 | pal-sip-sam |
| | | |
| noventa | 구십 | gu-sip |
| noventa e um | 구십일 | gu-si-bil |
| noventa e dois | 구십이 | gu-si-bi |
| noventa e três | 구십삼 | gu-sip-sam |

## 4. Números cardinais. Parte 2

| | | |
|---|---|---|
| cem | 백 | baek |
| duzentos | 이백 | i-baek |
| trezentos | 삼백 | sam-baek |
| quatrocentos | 사백 | sa-baek |
| quinhentos | 오백 | o-baek |
| seiscentos | 육백 | yuk-baek |
| setecentos | 칠백 | chil-baek |
| oitocentos | 팔백 | pal-baek |
| novecentos | 구백 | gu-baek |
| | | |
| mil | 천 | cheon |
| dois mil | 이천 | i-cheon |
| três mil | 삼천 | sam-cheon |
| dez mil | 만 | man |
| cem mil | 십만 | sim-man |
| um milhão | 백만 | baeng-man |
| um bilhão | 십억 | si-beok |

## 5. Números. Frações

| | | |
|---|---|---|
| fração (f) | 분수 | bun-su |
| um meio | 이분의 일 | i-bun-ui il |

| | | |
|---|---|---|
| um terço | 삼분의 일 | sam-bun-ui il |
| um quarto | 사분의 일 | sa-bun-ui il |
| | | |
| um oitavo | 팔분의 일 | pal-bun-ui il |
| um décimo | 십분의 일 | sip-bun-ui il |
| dois terços | 삼분의 이 | sam-bun-ui i |
| três quartos | 사분의 삼 | sa-bun-ui sam |

## 6. Números. Operações básicas

| | | |
|---|---|---|
| subtração (f) | 빼기 | ppae-gi |
| subtrair (vi, vt) | 빼다 | ppae-da |
| divisão (f) | 나누기 | na-nu-gi |
| dividir (vt) | 나누다 | na-nu-da |
| | | |
| adição (f) | 더하기 | deo-ha-gi |
| somar (vt) | 합하다 | ha-pa-da |
| adicionar (vt) | 더하다 | deo-ha-da |
| multiplicação (f) | 곱하기 | go-pa-gi |
| multiplicar (vt) | 곱하다 | go-pa-da |

## 7. Números. Diversos

| | | |
|---|---|---|
| algarismo, dígito (m) | 숫자 | sut-ja |
| número (m) | 숫자 | sut-ja |
| numeral (m) | 수사 | **su-sa** |
| menos (m) | 마이너스 | ma-i-neo-seu |
| mais (m) | 플러스 | peul-leo-seu |
| fórmula (f) | 공식 | gong-sik |
| | | |
| cálculo (m) | 계산 | gye-san |
| contar (vt) | 세다 | se-da |
| calcular (vt) | 헤아리다 | he-a-ri-da |
| comparar (vt) | 비교하다 | bi-gyo-ha-da |
| | | |
| Quanto? | 얼마? | eol-ma? |
| Quantos? -as? | 얼마나? | eo-di-ro? |
| soma (f) | 총합 | chong-hap |
| resultado (m) | 결과 | gyeol-gwa |
| resto (m) | 나머지 | na-meo-ji |
| | | |
| alguns, algumas ... | 몇 | myeot |
| pouco (~ tempo) | 조금 | jo-geum |
| resto (m) | 나머지 | na-meo-ji |
| | | |
| um e meio | 일과 이분의 일 | il-gwa i-bun-ui il |
| dúzia (f) | 다스 | da-seu |
| | | |
| ao meio | 반으로 | ba-neu-ro |
| em partes iguais | 균등하게 | gyun-deung-ha-ge |
| metade (f) | 절반 | jeol-ban |
| vez (f) | 번 | beon |

## 8. Os verbos mais importantes. Parte 1

| | | |
|---|---|---|
| abrir (vt) | 열다 | yeol-da |
| acabar, terminar (vt) | 끝내다 | kkeun-nae-da |
| aconselhar (vt) | 조언하다 | jo-eon-ha-da |
| adivinhar (vt) | 추측하다 | chu-cheuk-a-da |
| advertir (vt) | 경고하다 | gyeong-go-ha-da |
| | | |
| ajudar (vt) | 도와주다 | do-wa-ju-da |
| almoçar (vi) | 점심을 먹다 | jeom-si-meul meok-da |
| alugar (~ um apartamento) | 임대하다 | im-dae-ha-da |
| amar (pessoa) | 사랑하다 | sa-rang-ha-da |
| ameaçar (vt) | 협박하다 | hyeop-bak-a-da |
| | | |
| anotar (escrever) | 적다 | jeok-da |
| apressar-se (vr) | 서두르다 | seo-du-reu-da |
| arrepender-se (vr) | 후회하다 | hu-hoe-ha-da |
| assinar (vt) | 서명하다 | seo-myeong-ha-da |
| brincar (vi) | 농담하다 | nong-dam-ha-da |
| | | |
| brincar, jogar (vi, vt) | 놀다 | nol-da |
| buscar (vt) | … 를 찾다 | … reul chat-da |
| caçar (vi) | 사냥하다 | sa-nyang-ha-da |
| cair (vi) | 떨어지다 | tteo-reo-ji-da |
| cavar (vt) | 파다 | pa-da |
| chamar (~ por socorro) | 부르다, 요청하다 | bu-reu-da, yo-cheong-ha-da |
| | | |
| chegar (vi) | 도착하다 | do-chak-a-da |
| chorar (vi) | 울다 | ul-da |
| começar (vt) | 시작하다 | si-jak-a-da |
| comparar (vt) | 비교하다 | bi-gyo-ha-da |
| concordar (dizer "sim") | 동의하다 | dong-ui-ha-da |
| | | |
| confiar (vt) | 신뢰하다 | sil-loe-ha-da |
| confundir (equivocar-se) | 혼동하다 | hon-dong-ha-da |
| conhecer (vt) | 알다 | al-da |
| contar (fazer contas) | 세다 | se-da |
| contar com … | … 에 의지하다 | … e ui-ji-ha-da |
| continuar (vt) | 계속하다 | gye-sok-a-da |
| | | |
| controlar (vt) | 제어하다 | je-eo-ha-da |
| convidar (vt) | 초대하다 | cho-dae-ha-da |
| correr (vi) | 달리다 | dal-li-da |
| criar (vt) | 창조하다 | chang-jo-ha-da |
| custar (vt) | 값이 … 이다 | gap-si … i-da |

## 9. Os verbos mais importantes. Parte 2

| | | |
|---|---|---|
| dar (vt) | 주다 | ju-da |
| dar uma dica | 힌트를 주다 | hin-teu-reul ju-da |
| decorar (enfeitar) | 장식하다 | jang-sik-a-da |
| defender (vt) | 방어하다 | bang-eo-ha-da |
| deixar cair (vt) | 떨어뜨리다 | tteo-reo-tteu-ri-da |

| descer (para baixo) | 내려오다 | nae-ryeo-o-da |
| desculpar-se (vr) | 사과하다 | sa-gwa-ha-da |
| dirigir (~ uma empresa) | 운영하다 | u-nyeong-ha-da |
| discutir (notícias, etc.) | 의논하다 | ui-non-ha-da |
| | | |
| disparar, atirar (vi) | 쏘다 | sso-da |
| dizer (vt) | 말하다 | mal-ha-da |
| duvidar (vt) | 의심하다 | ui-sim-ha-da |
| encontrar (achar) | 찾다 | chat-da |
| enganar (vt) | 속이다 | so-gi-da |
| | | |
| entender (vt) | 이해하다 | i-hae-ha-da |
| entrar (na sala, etc.) | 들어가다 | deu-reo-ga-da |
| enviar (uma carta) | 보내다 | bo-nae-da |
| errar (enganar-se) | 실수하다 | sil-su-ha-da |
| escolher (vt) | 선택하다 | seon-taek-a-da |
| | | |
| esconder (vt) | 숨기다 | sum-gi-da |
| escrever (vt) | 쓰다 | sseu-da |
| esperar (aguardar) | 기다리다 | gi-da-ri-da |
| esperar (ter esperança) | 희망하다 | hui-mang-ha-da |
| esquecer (vt) | 잊다 | it-da |
| | | |
| estudar (vt) | 공부하다 | gong-bu-ha-da |
| exigir (vt) | 요구하다 | yo-gu-ha-da |
| existir (vi) | 존재하다 | jon-jae-ha-da |
| explicar (vt) | 설명하다 | seol-myeong-ha-da |
| | | |
| falar (vi) | 말하다 | mal-ha-da |
| faltar (a la escuela, etc.) | 결석하다 | gyeol-seok-a-da |
| fazer (vt) | 하다 | ha-da |
| ficar em silêncio | 침묵을 지키다 | chim-mu-geul ji-ki-da |
| gabar-se (vr) | 자랑하다 | ja-rang-ha-da |
| | | |
| gostar (apreciar) | 좋아하다 | jo-a-ha-da |
| gritar (vi) | 소리치다 | so-ri-chi-da |
| guardar (fotos, etc.) | 보관하다 | bo-gwan-ha-da |
| informar (vt) | 알리다 | al-li-da |
| insistir (vi) | 주장하다 | ju-jang-ha-da |
| | | |
| insultar (vt) | 모욕하다 | mo-yok-a-da |
| interessar-se (vr) | … 에 관심을 가지다 | … e gwan-si-meul ga-ji-da |
| ir (a pé) | 가다 | ga-da |
| ir nadar | 수영하다 | su-yeong-ha-da |
| jantar (vi) | 저녁을 먹다 | jeo-nyeo-geul meok-da |

## 10. Os verbos mais importantes. Parte 3

| ler (vt) | 읽다 | ik-da |
| libertar, liberar (vt) | 해방하다 | hae-bang-ha-da |
| matar (vt) | 죽이다 | ju-gi-da |
| mencionar (vt) | 언급하다 | eon-geu-pa-da |
| mostrar (vt) | 보여주다 | bo-yeo-ju-da |
| mudar (modificar) | 바꾸다 | ba-kku-da |

| nadar (vi) | 수영하다 | su-yeong-ha-da |
| negar-se a … (vr) | 거절하다 | geo-jeol-ha-da |
| objetar (vt) | 반대하다 | ban-dae-ha-da |

| observar (vt) | 지켜보다 | ji-kyeo-bo-da |
| ordenar (mil.) | 명령하다 | myeong-nyeong-ha-da |
| ouvir (vt) | 듣다 | deut-da |
| pagar (vt) | 지불하다 | ji-bul-ha-da |
| parar (vi) | 정지하다 | jeong-ji-ha-da |

| parar, cessar (vt) | 그만두다 | geu-man-du-da |
| participar (vi) | 참가하다 | cham-ga-ha-da |
| pedir (comida, etc.) | 주문하다 | ju-mun-ha-da |
| pedir (um favor, etc.) | 부탁하다 | bu-tak-a-da |
| pegar (tomar) | 잡다 | jap-da |

| pegar (uma bola) | 잡다 | jap-da |
| pensar (vi, vt) | 생각하다 | saeng-gak-a-da |
| perceber (ver) | 알아차리다 | a-ra-cha-ri-da |
| perdoar (vt) | 용서하다 | yong-seo-ha-da |
| perguntar (vt) | 묻다 | mut-da |

| permitir (vt) | 허가하다 | heo-ga-ha-da |
| pertencer a … (vi) | … 에 속하다 | … e sok-a-da |
| planejar (vt) | 계획하다 | gye-hoek-a-da |
| poder (~ fazer algo) | 할 수 있다 | hal su it-da |
| possuir (uma casa, etc.) | 소유하다 | so-yu-ha-da |

| preferir (vt) | 선호하다 | seon-ho-ha-da |
| preparar (vt) | 요리하다 | yo-ri-ha-da |
| prever (vt) | 예상하다 | ye-sang-ha-da |
| prometer (vt) | 약속하다 | yak-sok-a-da |
| pronunciar (vt) | 발음하다 | ba-reum-ha-da |

| propor (vt) | 제안하다 | je-an-ha-da |
| punir (castigar) | 처벌하다 | cheo-beol-ha-da |
| quebrar (vt) | 깨뜨리다 | kkae-tteu-ri-da |
| queixar-se de … | 불평하다 | bul-pyeong-ha-da |
| querer (desejar) | 원하다 | won-ha-da |

## 11. Os verbos mais importantes. Parte 4

| ralhar, repreender (vt) | 꾸짖다 | kku-jit-da |
| recomendar (vt) | 추천하다 | chu-cheon-ha-da |
| repetir (dizer outra vez) | 반복하다 | ban-bok-a-da |
| reservar (~ um quarto) | 예약하다 | ye-yak-a-da |
| responder (vt) | 대답하다 | dae-da-pa-da |

| rezar, orar (vi) | 기도하다 | gi-do-ha-da |
| rir (vi) | 웃다 | ut-da |
| roubar (vt) | 훔치다 | hum-chi-da |
| saber (vt) | 알다 | al-da |
| sair (~ de casa) | 나가다 | na-ga-da |
| salvar (resgatar) | 구조하다 | gu-jo-ha-da |

| | | |
|---|---|---|
| seguir (~ alguém) | … 를 따라가다 | … reul tta-ra-ga-da |
| sentar-se (vr) | 앉다 | an-da |
| ser necessário | 필요하다 | pi-ryo-ha-da |
| | | |
| significar (vt) | 의미하다 | ui-mi-ha-da |
| sorrir (vi) | 미소를 짓다 | mi-so-reul jit-da |
| subestimar (vt) | 과소평가하다 | gwa-so-pyeong-ga-ha-da |
| surpreender-se (vr) | 놀라다 | nol-la-da |
| | | |
| tentar (~ fazer) | 해보다 | hae-bo-da |
| ter (vt) | 가지다 | ga-ji-da |
| ter fome | 배가 고프다 | bae-ga go-peu-da |
| | | |
| ter medo | 무서워하다 | mu-seo-wo-ha-da |
| ter sede | 목마르다 | mong-ma-reu-da |
| tocar (com as mãos) | 닿다 | da-ta |
| tomar café da manhã | 아침을 먹다 | a-chi-meul meok-da |
| trabalhar (vi) | 일하다 | il-ha-da |
| traduzir (vt) | 번역하다 | beo-nyeok-a-da |
| | | |
| unir (vt) | 연합하다 | yeon-ha-pa-da |
| vender (vt) | 팔다 | pal-da |
| ver (vt) | 보다 | bo-da |
| virar (~ para a direita) | 돌다 | dol-da |
| voar (vi) | 날다 | nal-da |

## 12. Cores

| | | |
|---|---|---|
| cor (f) | 색 | sae |
| tom (m) | 색조 | saek-jo |
| tonalidade (m) | 색상 | saek-sang |
| arco-íris (m) | 무지개 | mu-ji-gae |
| | | |
| branco (adj) | 흰 | huin |
| preto (adj) | 검은 | geo-meun |
| cinza (adj) | 회색의 | hoe-sae-gui |
| | | |
| verde (adj) | 초록색의 | cho-rok-sae-gui |
| amarelo (adj) | 노란 | no-ran |
| vermelho (adj) | 빨간 | ppal-gan |
| | | |
| azul (adj) | 파란 | pa-ran |
| azul claro (adj) | 하늘색의 | ha-neul-sae-gui |
| rosa (adj) | 분홍색의 | bun-hong-sae-gui |
| laranja (adj) | 주황색의 | ju-hwang-sae-gui |
| violeta (adj) | 보라색의 | bo-ra-sae-gui |
| marrom (adj) | 갈색의 | gal-sae-gui |
| | | |
| dourado (adj) | 금색의 | geum-sae-gui |
| prateado (adj) | 은색의 | eun-sae-gui |
| | | |
| bege (adj) | 베이지색의 | be-i-ji-sae-gui |
| creme (adj) | 크림색의 | keu-rim-sae-gui |
| turquesa (adj) | 청록색의 | cheong-nok-sae-gui |

| | | |
|---|---|---|
| vermelho cereja (adj) | 암적색의 | am-jeok-sae-gui |
| lilás (adj) | 연보라색의 | yeon-bo-ra-sae-gui |
| carmim (adj) | 진홍색의 | jin-hong-sae-gui |
| | | |
| claro (adj) | 밝은 | bal-geun |
| escuro (adj) | 짙은 | ji-teun |
| vivo (adj) | 선명한 | seon-myeong-han |
| | | |
| de cor | 색의 | sae-gui |
| a cores | 컬러의 | keol-leo-ui |
| preto e branco (adj) | 흑백의 | heuk-bae-gui |
| unicolor (de uma só cor) | 단색의 | dan-sae-gui |
| multicolor (adj) | 다색의 | da-sae-gui |

## 13. Questões

| | | |
|---|---|---|
| Quem? | 누구? | nu-gu? |
| O que? | 무엇? | mu-eot? |
| Onde? | 어디? | eo-di? |
| Para onde? | 어디로? | eo-di-ro? |
| De onde? | 어디로부터? | eo-di-ro-bu-teo? |
| Quando? | 언제? | eon-je? |
| Para quê? | 왜? | wae? |
| Por quê? | 왜? | wae? |
| | | |
| Para quê? | 무엇을 위해서? | mu-eos-eul rwi-hae-seo? |
| Como? | 어떻게? | eo-tteo-ke? |
| Qual (~ é o problema?) | 어떤? | eo-tteon? |
| Qual (~ deles?) | 어느? | eo-neu? |
| | | |
| A quem? | 누구에게? | nu-gu-e-ge? |
| De quem? | 누구에 대하여? | nu-gu-e dae-ha-yeo? |
| Do quê? | 무엇에 대하여? | mu-eos-e dae-ha-yeo? |
| Com quem? | 누구하고? | nu-gu-ha-go? |
| | | |
| Quanto, -os, -as? | 얼마? | eol-ma? |
| De quem? (masc.) | 누구의? | nu-gu-ui? |

## 14. Palavras funcionais. Advérbios. Parte 1

| | | |
|---|---|---|
| Onde? | 어디? | eo-di? |
| aqui | 여기 | yeo-gi |
| lá, ali | 거기 | geo-gi |
| | | |
| em algum lugar | 어딘가 | eo-din-ga |
| em lugar nenhum | 어디도 | eo-di-do |
| | | |
| perto de ... | 옆에 | yeo-pe |
| perto da janela | 창문 옆에 | chang-mun nyeo-pe |
| | | |
| Para onde? | 어디로? | eo-di-ro? |
| aqui | 여기로 | yeo-gi-ro |

| | | |
|---|---|---|
| para lá | 거기로 | geo-gi-ro |
| daqui | 여기서 | yeo-gi-seo |
| de lá, dali | 거기서 | geo-gi-seo |
| | | |
| perto | 가까이 | ga-kka-i |
| longe | 멀리 | meol-li |
| | | |
| perto de ... | 근처에 | geun-cheo-e |
| à mão, perto | 인근에 | in-geu-ne |
| não fica longe | 멀지 않게 | meol-ji an-ke |
| | | |
| esquerdo (adj) | 왼쪽의 | oen-jjo-gui |
| à esquerda | 왼쪽에 | oen-jjo-ge |
| para a esquerda | 왼쪽으로 | oen-jjo-geu-ro |
| | | |
| direito (adj) | 오른쪽의 | o-reun-jjo-gui |
| à direita | 오른쪽에 | o-reun-jjo-ge |
| para a direita | 오른쪽으로 | o-reun-jjo-geu-ro |
| | | |
| em frente | 앞쪽에 | ap-jjo-ge |
| da frente | 앞의 | a-pui |
| adiante (para a frente) | 앞으로 | a-peu-ro |
| | | |
| atrás de ... | 뒤에 | dwi-e |
| de trás | 뒤에서 | dwi-e-seo |
| para trás | 뒤로 | dwi-ro |
| | | |
| meio (m), metade (f) | 가운데 | ga-un-de |
| no meio | 가운데에 | ga-un-de-e |
| | | |
| do lado | 옆에 | yeo-pe |
| em todo lugar | 모든 곳에 | mo-deun gos-e |
| por todos os lados | 주위에 | ju-wi-e |
| | | |
| de dentro | 내면에서 | nae-myeon-e-seo |
| para algum lugar | 어딘가에 | eo-din-ga-e |
| diretamente | 똑바로 | ttok-ba-ro |
| de volta | 뒤로 | dwi-ro |
| | | |
| de algum lugar | 어디에서든지 | eo-di-e-seo-deun-ji |
| de algum lugar | 어디로부터인지 | eo-di-ro-bu-teo-in-ji |
| | | |
| em primeiro lugar | 첫째로 | cheot-jjae-ro |
| em segundo lugar | 둘째로 | dul-jjae-ro |
| em terceiro lugar | 셋째로 | set-jjae-ro |
| | | |
| de repente | 갑자기 | gap-ja-gi |
| no início | 처음에 | cheo-eum-e |
| pela primeira vez | 처음으로 | cheo-eu-meu-ro |
| muito antes de ... | ⋯ 오래 전에 | ... o-rae jeon-e |
| de novo | 다시 | da-si |
| para sempre | 영원히 | yeong-won-hi |
| | | |
| nunca | 절대로 | jeol-dae-ro |
| de novo | 다시 | da-si |
| agora | 이제 | i-je |

| | | |
|---|---|---|
| frequentemente | 자주 | ja-ju |
| então | 그때 | geu-ttae |
| urgentemente | 급히 | geu-pi |
| normalmente | 보통으로 | bo-tong-eu-ro |
| | | |
| a propósito, ... | 그건 그렇고, ··· | geu-geon geu-reo-ko, ... |
| é possível | 가능한 | ga-neung-han |
| provavelmente | 아마 | a-ma |
| talvez | 어쩌면 | eo-jjeo-myeon |
| além disso, ... | 게다가 ··· | ge-da-ga ... |
| por isso ... | 그래서 ··· | geu-rae-seo ... |
| apesar de ... | ··· 에도 불구하고 | ... e-do bul-gu-ha-go |
| graças a ... | ··· 덕분에 | ... deok-bun-e |
| | | |
| algo | 무엇인가 | mu-eon-nin-ga |
| alguma coisa | 무엇이든지 | mu-eon-ni-deun-ji |
| nada | 아무것도 | a-mu-geot-do |
| | | |
| alguém (~ que ...) | 누구 | nu-gu |
| alguém (com ~) | 누군가 | nu-gun-ga |
| | | |
| ninguém | 아무도 | a-mu-do |
| para lugar nenhum | 아무데도 | a-mu-de-do |
| de ninguém | 누구의 것도 아닌 | nu-gu-ui geot-do a-nin |
| de alguém | 누군가의 | nu-gun-ga-ui |
| | | |
| tão | 그래서 | geu-rae-seo |
| também (gostaria ~ de ...) | 역시 | yeok-si |
| também (~ eu) | 또한 | tto-han |

## 15. Palavras funcionais. Advérbios. Parte 2

| | | |
|---|---|---|
| Por quê? | 왜? | wae? |
| por alguma razão | 어떤 이유로 | eo-tteon ni-yu-ro |
| porque ... | 왜냐하면 ··· | wae-nya-ha-myeon ... |
| por qualquer razão | 어떤 목적으로 | eo-tteon mok-jeo-geu-ro |
| | | |
| e (tu ~ eu) | 그리고 | geu-ri-go |
| ou (ser ~ não ser) | 또는 | tto-neun |
| mas (porém) | 그러나 | geu-reo-na |
| para (~ a minha mãe) | 위해서 | wi-hae-seo |
| | | |
| muito, demais | 너무 | neo-mu |
| só, somente | ··· 만 | ... man |
| exatamente | 정확하게 | jeong-hwak-a-ge |
| cerca de (~ 10 kg) | 약 | yak |
| | | |
| aproximadamente | 대략 | dae-ryak |
| aproximado (adj) | 대략적인 | dae-ryak-jeo-gin |
| quase | 거의 | geo-ui |
| resto (m) | 나머지 | na-meo-ji |
| | | |
| cada (adj) | 각각의 | gak-ga-gui |
| qualquer (adj) | 아무 | a-mu |

| | | |
|---|---|---|
| muito, muitos, muitas | 많이 | ma-ni |
| muitas pessoas | 많은 사람들 | ma-neun sa-ram-deul |
| todos | 모두 | mo-du |
| em troca de … | … 의 교환으로 | … ui gyo-hwa-neu-ro |
| em troca | 교환으로 | gyo-hwa-neu-ro |
| à mão | 수공으로 | su-gong-eu-ro |
| pouco provável | 거의 | geo-ui |
| provavelmente | 아마 | a-ma |
| de propósito | 일부러 | il-bu-reo |
| por acidente | 우연히 | u-yeon-hi |
| muito | 아주 | a-ju |
| por exemplo | 예를 들면 | ye-reul deul-myeon |
| entre | 사이에 | sa-i-e |
| entre (no meio de) | 중에 | jung-e |
| tanto | 이만큼 | i-man-keum |
| especialmente | 특히 | teuk-i |

# Conceitos básicos. Parte 2

## 16. Opostos

| | | |
|---|---|---|
| rico (adj) | 부유한 | bu-yu-han |
| pobre (adj) | 가난한 | ga-nan-han |
| doente (adj) | 아픈 | a-peun |
| bem (adj) | 건강한 | geon-gang-han |
| grande (adj) | 큰 | keun |
| pequeno (adj) | 작은 | ja-geun |
| rapidamente | 빨리 | ppal-li |
| lentamente | 천천히 | cheon-cheon-hi |
| rápido (adj) | 빠른 | ppa-reun |
| lento (adj) | 느린 | neu-rin |
| alegre (adj) | 기쁜 | gi-ppeun |
| triste (adj) | 슬픈 | seul-peun |
| juntos (ir ~) | 같이 | ga-chi |
| separadamente | 따로 | tta-ro |
| em voz alta (ler ~) | 큰소리로 | keun-so-ri-ro |
| para si (em silêncio) | 묵독 | muk-dok |
| alto (adj) | 높은 | no-peun |
| baixo (adj) | 낮은 | na-jeun |
| profundo (adj) | 깊은 | gi-peun |
| raso (adj) | 얕은 | ya-teun |
| sim | 네 | ne |
| não | 아니오 | a-ni-o |
| distante (adj) | 먼 | meon |
| próximo (adj) | 인근의 | in-geu-nui |
| longe | 멀리 | meol-li |
| à mão, perto | 인근에 | in-geu-ne |
| longo (adj) | 긴 | gin |
| curto (adj) | 짧은 | jjal-beun |
| bom (bondoso) | 착한 | cha-kan |
| mal (adj) | 사악한 | sa-a-kan |
| casado (adj) | 결혼한 | gyeol-hon-han |

| | | |
|---|---|---|
| solteiro (adj) | 미혼의 | mi-hon-ui |
| proibir (vt) | 금지하다 | geum-ji-ha-da |
| permitir (vt) | 허가하다 | heo-ga-ha-da |
| fim (m) | 끝 | kkeut |
| início (m) | 시작 | si-jak |
| esquerdo (adj) | 왼쪽의 | oen-jjo-gui |
| direito (adj) | 오른쪽의 | o-reun-jjo-gui |
| primeiro (adj) | 첫 번째의 | cheot beon-jjae-ui |
| último (adj) | 마지막의 | ma-ji-ma-gui |
| crime (m) | 범죄 | beom-joe |
| castigo (m) | 벌 | beol |
| ordenar (vt) | 명령하다 | myeong-nyeong-ha-da |
| obedecer (vt) | 복종하다 | bok-jong-ha-da |
| reto (adj) | 곧은 | go-deun |
| curvo (adj) | 굽은 | gu-beun |
| paraíso (m) | 천국 | cheon-guk |
| inferno (m) | 지옥 | ji-ok |
| nascer (vi) | 태어나다 | tae-eo-na-da |
| morrer (vi) | 죽다 | juk-da |
| forte (adj) | 강한 | gang-han |
| fraco, débil (adj) | 약한 | yak-an |
| velho, idoso (adj) | 늙은 | neul-geun |
| jovem (adj) | 젊은 | jeol-meun |
| velho (adj) | 낡은 | nal-geun |
| novo (adj) | 새로운 | sae-ro-un |
| duro (adj) | 단단한 | dan-dan-han |
| macio (adj) | 부드러운 | bu-deu-reo-un |
| quente (adj) | 따뜻한 | tta-tteu-tan |
| frio (adj) | 추운 | chu-un |
| gordo (adj) | 뚱뚱한 | ttung-ttung-han |
| magro (adj) | 마른 | ma-reun |
| estreito (adj) | 좁은 | jo-beun |
| largo (adj) | 넓은 | neol-beun |
| bom (adj) | 좋은 | jo-eun |
| mau (adj) | 나쁜 | na-ppeun |
| valente, corajoso (adj) | 용감한 | yong-gam-han |
| covarde (adj) | 비겁한 | bi-geo-pan |

## 17. Dias da semana

| | | |
|---|---|---|
| segunda-feira (f) | 월요일 | wo-ryo-il |
| terça-feira (f) | 화요일 | hwa-yo-il |
| quarta-feira (f) | 수요일 | su-yo-il |
| quinta-feira (f) | 목요일 | mo-gyo-il |
| sexta-feira (f) | 금요일 | geu-myo-il |
| sábado (m) | 토요일 | to-yo-il |
| domingo (m) | 일요일 | i-ryo-il |
| hoje | 오늘 | o-neul |
| amanhã | 내일 | nae-il |
| depois de amanhã | 모레 | mo-re |
| ontem | 어제 | eo-je |
| anteontem | 그저께 | geu-jeo-kke |
| dia (m) | 낮 | nat |
| dia (m) de trabalho | 근무일 | geun-mu-il |
| feriado (m) | 공휴일 | gong-hyu-il |
| dia (m) de folga | 휴일 | hyu-il |
| fim (m) de semana | 주말 | ju-mal |
| o dia todo | 하루종일 | ha-ru-jong-il |
| no dia seguinte | 다음날 | da-eum-nal |
| há dois dias | 이틀 전 | i-teul jeon |
| na véspera | 전날 | jeon-nal |
| diário (adj) | 일간의 | il-ga-nui |
| todos os dias | 매일 | mae-il |
| semana (f) | 주 | ju |
| na semana passada | 지난 주에 | ji-nan ju-e |
| semana que vem | 다음 주에 | da-eum ju-e |
| semanal (adj) | 주간의 | ju-ga-nui |
| toda semana | 매주 | mae-ju |
| duas vezes por semana | 일주일에 두번 | il-ju-i-re du-beon |
| toda terça-feira | 매주 화요일 | mae-ju hwa-yo-il |

## 18. Horas. Dia e noite

| | | |
|---|---|---|
| manhã (f) | 아침 | a-chim |
| de manhã | 아침에 | a-chim-e |
| meio-dia (m) | 정오 | jeong-o |
| à tarde | 오후에 | o-hu-e |
| tardinha (f) | 저녁 | jeo-nyeok |
| à tardinha | 저녁에 | jeo-nyeo-ge |
| noite (f) | 밤 | bam |
| à noite | 밤에 | bam-e |
| meia-noite (f) | 자정 | ja-jeong |
| segundo (m) | 초 | cho |
| minuto (m) | 분 | bun |
| hora (f) | 시 | si |

| | | |
|---|---|---|
| meia hora (f) | 반시간 | ban-si-gan |
| quarto (m) de hora | 십오분 | si-bo-bun |
| quinze minutos | 십오분 | si-bo-bun |
| vinte e quatro horas | 이십사시간 | i-sip-sa-si-gan |

| | | |
|---|---|---|
| nascer (m) do sol | 일출 | il-chul |
| amanhecer (m) | 새벽 | sae-byeok |
| madrugada (f) | 이른 아침 | i-reun a-chim |
| pôr-do-sol (m) | 저녁 노을 | jeo-nyeok no-eul |

| | | |
|---|---|---|
| de madrugada | 이른 아침에 | i-reun a-chim-e |
| esta manhã | 오늘 아침에 | o-neul ra-chim-e |
| amanhã de manhã | 내일 아침에 | nae-il ra-chim-e |

| | | |
|---|---|---|
| esta tarde | 오늘 오후에 | o-neul ro-hu-e |
| à tarde | 오후에 | o-hu-e |
| amanhã à tarde | 내일 오후에 | nae-il ro-hu-e |

| | | |
|---|---|---|
| esta noite, hoje à noite | 오늘 저녁에 | o-neul jeo-nyeo-ge |
| amanhã à noite | 내일 밤에 | nae-il bam-e |

| | | |
|---|---|---|
| às três horas em ponto | 3시 정각에 | se-si jeong-ga-ge |
| por volta das quatro | 4시쯤에 | ne-si-jjeu-me |
| às doze | 12시까지 | yeoldu si-kka-ji |

| | | |
|---|---|---|
| em vinte minutos | 20분 안에 | isib-bun na-ne |
| em uma hora | 한 시간 안에 | han si-gan na-ne |
| a tempo | 제시간에 | je-si-gan-e |

| | | |
|---|---|---|
| ... um quarto para | ... 십오 분 | ... si-bo bun |
| dentro de uma hora | 한 시간 내에 | han si-gan nae-e |
| a cada quinze minutos | 15분 마다 | sibo-bun ma-da |
| as vinte e quatro horas | 하루종일 | ha-ru-jong-il |

## 19. Meses. Estações

| | | |
|---|---|---|
| janeiro (m) | 일월 | i-rwol |
| fevereiro (m) | 이월 | i-wol |
| março (m) | 삼월 | sam-wol |
| abril (m) | 사월 | sa-wol |
| maio (m) | 오월 | o-wol |
| junho (m) | 유월 | yu-wol |

| | | |
|---|---|---|
| julho (m) | 칠월 | chi-rwol |
| agosto (m) | 팔월 | pa-rwol |
| setembro (m) | 구월 | gu-wol |
| outubro (m) | 시월 | si-wol |
| novembro (m) | 십일월 | si-bi-rwol |
| dezembro (m) | 십이월 | si-bi-wol |

| | | |
|---|---|---|
| primavera (f) | 봄 | bom |
| na primavera | 봄에 | bom-e |
| primaveril (adj) | 봄의 | bom-ui |
| verão (m) | 여름 | yeo-reum |

| | | |
|---|---|---|
| no verão | 여름에 | yeo-reum-e |
| de verão | 여름의 | yeo-reu-mui |
| | | |
| outono (m) | 가을 | ga-eul |
| no outono | 가을에 | ga-eu-re |
| outonal (adj) | 가을의 | ga-eu-rui |
| | | |
| inverno (m) | 겨울 | gyeo-ul |
| no inverno | 겨울에 | gyeo-u-re |
| de inverno | 겨울의 | gyeo-ul |
| mês (m) | 월, 달 | wol, dal |
| este mês | 이번 달에 | i-beon da-re |
| mês que vem | 다음 달에 | da-eum da-re |
| no mês passado | 지난 달에 | ji-nan da-re |
| | | |
| um mês atrás | 한달 전에 | han-dal jeon-e |
| em um mês | 한 달 안에 | han dal ra-ne |
| em dois meses | 두 달 안에 | du dal ra-ne |
| todo o mês | 한 달 내내 | han dal lae-nae |
| um mês inteiro | 한달간 내내 | han-dal-gan nae-nae |
| | | |
| mensal (adj) | 월간의 | wol-ga-nui |
| mensalmente | 매월, 매달 | mae-wol, mae-dal |
| todo mês | 매달 | mae-dal |
| duas vezes por mês | 한 달에 두 번 | han da-re du beon |
| | | |
| ano (m) | 년 | nyeon |
| este ano | 올해 | ol-hae |
| ano que vem | 내년 | nae-nyeon |
| no ano passado | 작년 | jang-nyeon |
| há um ano | 일년 전 | il-lyeon jeon |
| em um ano | 일 년 안에 | il lyeon na-ne |
| dentro de dois anos | 이 년 안에 | i nyeon na-ne |
| todo o ano | 한 해 전체 | han hae jeon-che |
| um ano inteiro | 일년 내내 | il-lyeon nae-nae |
| | | |
| cada ano | 매년 | mae-nyeon |
| anual (adj) | 연간의 | yeon-ga-nui |
| anualmente | 매년 | mae-nyeon |
| quatro vezes por ano | 일년에 네 번 | il-lyeon-e ne beon |
| | | |
| data (~ de hoje) | 날짜 | nal-jja |
| data (ex. ~ de nascimento) | 월일 | wo-ril |
| calendário (m) | 달력 | dal-lyeok |
| | | |
| meio ano | 반년 | ban-nyeon |
| seis meses | 육개월 | yuk-gae-wol |
| estação (f) | 계절 | gye-jeol |
| século (m) | 세기 | se-gi |

## 20. Tempo. Diversos

| | | |
|---|---|---|
| tempo (m) | 시간 | si-gan |
| momento (m) | 순간 | sun-gan |

| | | |
|---|---|---|
| instante (m) | 찰나 | chal-la |
| instantâneo (adj) | 찰나의 | chal-la-ui |
| lapso (m) de tempo | 기간 | gi-gan |
| vida (f) | 일생 | il-saeng |
| eternidade (f) | 영원 | yeong-won |
| | | |
| época (f) | 시대 | si-dae |
| era (f) | 시대 | si-dae |
| ciclo (m) | 주기 | ju-gi |
| período (m) | 기간 | gi-gan |
| prazo (m) | 기간 | gi-gan |
| | | |
| futuro (m) | 미래 | mi-rae |
| futuro (adj) | 미래의 | mi-rae-ui |
| da próxima vez | 다음번 | da-eum-beon |
| passado (m) | 과거 | gwa-geo |
| passado (adj) | 지나간 | ji-na-gan |
| na última vez | 지난 번에 | ji-nan beon-e |
| mais tarde | 나중에 | na-jung-e |
| depois de ... | ... 후에 | ... hu-e |
| atualmente | 요즘 | yo-jeum |
| agora | 이제 | i-je |
| imediatamente | 즉시 | jeuk-si |
| em breve | 곧 | got |
| de antemão | 미리 | mi-ri |
| | | |
| há muito tempo | 오래 전 | o-rae jeon |
| recentemente | 최근 | choe-geun |
| destino (m) | 운명 | un-myeong |
| recordações (f pl) | 회상, 추억 | hoe-sang, chu-eok |
| arquivo (m) | 기록 | gi-rok |
| durante ... | ... 동안 | ... dong-an |
| durante muito tempo | 오래 | o-rae |
| pouco tempo | 길지 않은 | gil-ji a-neun |
| cedo (levantar-se ~) | 일찍 | il-jjik |
| tarde (deitar-se ~) | 늦게 | neut-ge |
| | | |
| para sempre | 영원히 | yeong-won-hi |
| começar (vt) | 시작하다 | si-jak-a-da |
| adiar (vt) | 연기하다 | yeon-gi-ha-da |
| | | |
| ao mesmo tempo | 동시에 | dong-si-e |
| permanentemente | 영구히 | yeong-gu-hi |
| constante (~ ruído, etc.) | 끊임없는 | kkeu-nim-eom-neun |
| temporário (adj) | 일시적인 | il-si-jeo-gin |
| | | |
| às vezes | 가끔 | ga-kkeum |
| raras vezes, raramente | 드물게 | deu-mul-ge |
| frequentemente | 자주 | ja-ju |

## 21. Linhas e formas

| | | |
|---|---|---|
| quadrado (m) | 정사각형 | jeong-sa-gak-yeong |
| quadrado (adj) | 사각의 | sa-ga-gui |

| | | |
|---|---|---|
| círculo (m) | 원 | won |
| redondo (adj) | 원형의 | won-hyeong-ui |
| triângulo (m) | 삼각형 | sam-gak-yeong |
| triangular (adj) | 삼각형의 | sam-gak-yeong-ui |
| | | |
| oval (f) | 타원 | ta-won |
| oval (adj) | 타원의 | ta-won-ui |
| retângulo (m) | 직사각형 | jik-sa-gak-yeong |
| retangular (adj) | 직사각형의 | jik-sa-gak-yeong-ui |
| | | |
| pirâmide (f) | 피라미드 | pi-ra-mi-deu |
| losango (m) | 마름모 | ma-reum-mo |
| trapézio (m) | 사다리꼴 | sa-da-ri-kkol |
| cubo (m) | 정육면체 | jeong-yung-myeon-che |
| prisma (m) | 각기둥 | gak-gi-dung |
| | | |
| circunferência (f) | 원주 | won-ju |
| esfera (f) | 구 | gu |
| globo (m) | 구체 | gu-che |
| diâmetro (m) | 지름 | ji-reum |
| raio (m) | 반경 | ban-gyeong |
| perímetro (m) | 둘레 | dul-le |
| centro (m) | 중심 | jung-sim |
| | | |
| horizontal (adj) | 가로의 | ga-ro-ui |
| vertical (adj) | 세로의 | se-ro-ui |
| paralela (f) | 평행 | pyeong-haeng |
| paralelo (adj) | 평행한 | pyeong-haeng-han |
| | | |
| linha (f) | 선, 줄 | seon, jul |
| traço (m) | 획 | hoek |
| reta (f) | 직선 | jik-seon |
| curva (f) | 곡선 | gok-seon |
| fino (linha ~a) | 얇은 | yal-beun |
| contorno (m) | 외곽선 | oe-gwak-seon |
| | | |
| interseção (f) | 교점 | gyo-jeom |
| ângulo (m) reto | 직각 | jik-gak |
| segmento (m) | 활꼴 | hwal-kkol |
| setor (m) | 부채꼴 | bu-chae-kkol |
| lado (de um triângulo, etc.) | 변 | byeon |
| ângulo (m) | 각 | gak |

## 22. Unidades de medida

| | | |
|---|---|---|
| peso (m) | 무게 | mu-ge |
| comprimento (m) | 길이 | gi-ri |
| largura (f) | 폭, 너비 | pok, neo-bi |
| altura (f) | 높이 | no-pi |
| profundidade (f) | 깊이 | gi-pi |
| volume (m) | 부피 | bu-pi |
| área (f) | 면적 | myeon-jeok |
| grama (m) | 그램 | geu-raem |
| miligrama (m) | 밀리그램 | mil-li-geu-raem |

| | | |
|---|---|---|
| quilograma (m) | 킬로그램 | kil-lo-geu-raem |
| tonelada (f) | 톤 | ton |
| libra (453,6 gramas) | 파운드 | pa-un-deu |
| onça (f) | 온스 | on-seu |
| metro (m) | 미터 | mi-teo |
| milímetro (m) | 밀리미터 | mil-li-mi-teo |
| centímetro (m) | 센티미터 | sen-ti-mi-teo |
| quilômetro (m) | 킬로미터 | kil-lo-mi-teo |
| milha (f) | 마일 | ma-il |
| polegada (f) | 인치 | in-chi |
| pé (304,74 mm) | 피트 | pi-teu |
| jarda (914,383 mm) | 야드 | ya-deu |
| metro (m) quadrado | 제곱미터 | je-gom-mi-teo |
| hectare (m) | 헥타르 | hek-ta-reu |
| litro (m) | 리터 | ri-teo |
| grau (m) | 도 | do |
| volt (m) | 볼트 | bol-teu |
| ampère (m) | 암페어 | am-pe-eo |
| cavalo (m) de potência | 마력 | ma-ryeok |
| quantidade (f) | 수량, 양 | su-ryang, yang |
| um pouco de ... | ··· 조금 | ... jo-geum |
| metade (f) | 절반 | jeol-ban |
| dúzia (f) | 다스 | da-seu |
| peça (f) | 조각 | jo-gak |
| tamanho (m), dimensão (f) | 크기 | keu-gi |
| escala (f) | 축척 | chuk-cheok |
| mínimo (adj) | 최소의 | choe-so-ui |
| menor, mais pequeno | 가장 작은 | ga-jang ja-geun |
| médio (adj) | 중간의 | jung-gan-ui |
| máximo (adj) | 최대의 | choe-dae-ui |
| maior, mais grande | 가장 큰 | ga-jang keun |

## 23. Recipientes

| | | |
|---|---|---|
| pote (m) de vidro | 유리병 | yu-ri-byeong |
| lata (~ de cerveja) | 캔, 깡통 | kaen, kkang-tong |
| balde (m) | 양동이 | yang-dong-i |
| barril (m) | 통 | tong |
| bacia (~ de plástico) | 대야 | dae-ya |
| tanque (m) | 탱크 | taeng-keu |
| cantil (m) de bolso | 휴대용 술병 | hyu-dae-yong sul-byeong |
| galão (m) de gasolina | 통 | tong |
| cisterna (f) | 탱크 | taeng-keu |
| caneca (f) | 머그컵 | meo-geu-keop |
| xícara (f) | 컵 | keop |

| pires (m) | 받침 접시 | bat-chim jeop-si |
| copo (m) | 유리잔 | yu-ri-jan |
| taça (f) de vinho | 와인글라스 | wa-in-geul-la-seu |
| panela (f) | 냄비 | naem-bi |

| garrafa (f) | 병 | byeong |
| gargalo (m) | 병목 | byeong-mok |

| jarra (f) | 디캔터 | di-kaen-teo |
| jarro (m) | 물병 | mul-byeong |
| recipiente (m) | 용기 | yong-gi |
| pote (m) | 항아리 | hang-a-ri |
| vaso (m) | 화병 | hwa-byeong |

| frasco (~ de perfume) | 향수병 | hyang-su-byeong |
| frasquinho (m) | 약병 | yak-byeong |
| tubo (m) | 튜브 | tyu-beu |

| saco (ex. ~ de açúcar) | 자루 | ja-ru |
| sacola (~ plastica) | 봉투 | bong-tu |
| maço (de cigarros, etc.) | 갑 | gap |

| caixa (~ de sapatos, etc.) | 박스 | bak-seu |
| caixote (~ de madeira) | 상자 | sang-ja |
| cesto (m) | 바구니 | ba-gu-ni |

## 24. Materiais

| material (m) | 재료 | jae-ryo |
| madeira (f) | 목재 | mok-jae |
| de madeira | 목재의 | mok-jae-ui |

| vidro (m) | 유리 | yu-ri |
| de vidro | 유리의 | yu-ri-ui |

| pedra (f) | 돌 | dol |
| de pedra | 돌의 | do-rui |

| plástico (m) | 플라스틱 | peul-la-seu-tik |
| plástico (adj) | 플라스틱의 | peul-la-seu-ti-gui |

| borracha (f) | 고무 | go-mu |
| de borracha | 고무의 | go-mu-ui |

| tecido, pano (m) | 직물 | jing-mul |
| de tecido | 직물의 | jing-mu-rui |

| papel (m) | 종이 | jong-i |
| de papel | 종이의 | jong-i-ui |

| papelão (m) | 판지 | pan-ji |
| de papelão | 판지의 | pan-ji-ui |
| polietileno (m) | 폴리에틸렌 | pol-li-e-til-len |
| celofane (m) | 셀로판 | sel-lo-pan |

| madeira (f) compensada | 합판 | hap-pan |
| porcelana (f) | 도자기 | do-ja-gi |
| de porcelana | 도자기의 | do-ja-gi-ui |
| argila (f), barro (m) | 점토 | jeom-to |
| de barro | 점토의 | jeom-to-ui |
| cerâmica (f) | 세라믹 | se-ra-mik |
| de cerâmica | 세라믹의 | se-ra-mi-gui |

## 25. Metais

| metal (m) | 금속 | geum-sok |
| metálico (adj) | 금속제의 | geum-sok-je-ui |
| liga (f) | 합금 | hap-geum |

| ouro (m) | 금 | geum |
| de ouro | 금의 | geum-ui |
| prata (f) | 은 | eun |
| de prata | 은의 | eun-ui |

| ferro (m) | 철 | cheol |
| de ferro | 철제의 | cheol-je-ui |
| aço (m) | 강철 | gang-cheol |
| de aço (adj) | 강철의 | gang-cheo-rui |
| cobre (m) | 구리 | gu-ri |
| de cobre | 구리의 | gu-ri-ui |

| alumínio (m) | 알루미늄 | al-lu-mi-nyum |
| de alumínio | 알루미늄의 | al-lu-mi-nyum-ui |
| bronze (m) | 청동 | cheong-dong |
| de bronze | 청동의 | cheong-dong-ui |

| latão (m) | 황동 | hwang-dong |
| níquel (m) | 니켈 | ni-kel |
| platina (f) | 백금 | baek-geum |
| mercúrio (m) | 수은 | su-eun |
| estanho (m) | 주석 | ju-seok |
| chumbo (m) | 납 | nap |
| zinco (m) | 아연 | a-yeon |

# O SER HUMANO

## O ser humano. O corpo

### 26. Humanos. Conceitos básicos

| | | |
|---|---|---|
| ser (m) humano | 사람 | sa-ram |
| homem (m) | 남자 | nam-ja |
| mulher (f) | 여자 | yeo-ja |
| criança (f) | 아이, 아동 | a-i, a-dong |
| | | |
| menina (f) | 소녀 | so-nyeo |
| menino (m) | 소년 | so-nyeon |
| adolescente (m) | 청소년 | cheong-so-nyeon |
| velho (m) | 노인 | no-in |
| velha (f) | 노인 | no-in |

### 27. Anatomia humana

| | | |
|---|---|---|
| organismo (m) | 생체 | saeng-che |
| coração (m) | 심장 | sim-jang |
| sangue (m) | 피 | pi |
| artéria (f) | 동맥 | dong-maek |
| veia (f) | 정맥 | jeong-maek |
| | | |
| cérebro (m) | 두뇌 | du-noe |
| nervo (m) | 신경 | sin-gyeong |
| nervos (m pl) | 신경 | sin-gyeong |
| vértebra (f) | 척추 | cheok-chu |
| coluna (f) vertebral | 등뼈 | deung-ppyeo |
| | | |
| estômago (m) | 위 | wi |
| intestinos (m pl) | 창자 | chang-ja |
| intestino (m) | 장 | jang |
| fígado (m) | 간 | gan |
| rim (m) | 신장 | sin-jang |
| | | |
| osso (m) | 뼈 | ppyeo |
| esqueleto (m) | 뼈대 | ppyeo-dae |
| costela (f) | 늑골 | neuk-gol |
| crânio (m) | 두개골 | du-gae-gol |
| | | |
| músculo (m) | 근육 | geu-nyuk |
| bíceps (m) | 이두근 | i-du-geun |
| | | |
| tendão (m) | 힘줄, 건 | him-jul, geon |
| articulação (f) | 관절 | gwan-jeol |

| pulmões (m pl) | 폐 | pye |
| órgãos (m pl) genitais | 생식기 | saeng-sik-gi |
| pele (f) | 피부 | pi-bu |

## 28. Cabeça

| cabeça (f) | 머리 | meo-ri |
| rosto, cara (f) | 얼굴 | eol-gul |
| nariz (m) | 코 | ko |
| boca (f) | 입 | ip |

| olho (m) | 눈 | nun |
| olhos (m pl) | 눈 | nun |
| pupila (f) | 눈동자 | nun-dong-ja |
| sobrancelha (f) | 눈썹 | nun-sseop |
| cílio (f) | 속눈썹 | song-nun-sseop |
| pálpebra (f) | 눈꺼풀 | nun-kkeo-pul |

| língua (f) | 혀 | hyeo |
| dente (m) | 이 | i |
| lábios (m pl) | 입술 | ip-sul |
| maçãs (f pl) do rosto | 광대뼈 | gwang-dae-ppyeo |
| gengiva (f) | 잇몸 | in-mom |
| palato (m) | 입천장 | ip-cheon-jang |

| narinas (f pl) | 콧구멍 | kot-gu-meong |
| queixo (m) | 턱 | teok |
| mandíbula (f) | 턱 | teok |
| bochecha (f) | 뺨, 볼 | ppyam, bol |

| testa (f) | 이마 | i-ma |
| têmpora (f) | 관자놀이 | gwan-ja-no-ri |
| orelha (f) | 귀 | gwi |
| costas (f pl) da cabeça | 뒤통수 | dwi-tong-su |
| pescoço (m) | 목 | mok |
| garganta (f) | 목구멍 | mok-gu-meong |

| cabelo (m) | 머리털, 헤어 | meo-ri-teol, he-eo |
| penteado (m) | 머리 스타일 | meo-ri seu-ta-il |
| corte (m) de cabelo | 헤어컷 | he-eo-keot |
| peruca (f) | 가발 | ga-bal |

| bigode (m) | 콧수염 | kot-su-yeom |
| barba (f) | 턱수염 | teok-su-yeom |
| ter (~ barba, etc.) | 기르다 | gi-reu-da |
| trança (f) | 땋은 머리 | tta-eun meo-ri |
| suíças (f pl) | 구레나룻 | gu-re-na-rut |

| ruivo (adj) | 빨강머리의 | ppal-gang-meo-ri-ui |
| grisalho (adj) | 흰머리의 | huin-meo-ri-ui |
| careca (adj) | 대머리인 | dae-meo-ri-in |
| calva (f) | 땜통 | ttaem-tong |
| rabo-de-cavalo (m) | 말총머리 | mal-chong-meo-ri |
| franja (f) | 앞머리 | am-meo-ri |

## 29. Corpo humano

| | | |
|---|---|---|
| mão (f) | 손 | son |
| braço (m) | 팔 | pal |
| | | |
| dedo (m) | 손가락 | son-ga-rak |
| polegar (m) | 엄지손가락 | eom-ji-son-ga-rak |
| dedo (m) mindinho | 새끼손가락 | sae-kki-son-ga-rak |
| unha (f) | 손톱 | son-top |
| | | |
| punho (m) | 주먹 | ju-meok |
| palma (f) | 손바닥 | son-ba-dak |
| pulso (m) | 손목 | son-mok |
| antebraço (m) | 전박 | jeon-bak |
| cotovelo (m) | 팔꿈치 | pal-kkum-chi |
| ombro (m) | 어깨 | eo-kkae |
| | | |
| perna (f) | 다리 | da-ri |
| pé (m) | 발 | bal |
| joelho (m) | 무릎 | mu-reup |
| panturrilha (f) | 종아리 | jong-a-ri |
| quadril (m) | 엉덩이 | eong-deong-i |
| calcanhar (m) | 발뒤꿈치 | bal-dwi-kkum-chi |
| | | |
| corpo (m) | 몸 | mom |
| barriga (f), ventre (m) | 배 | bae |
| peito (m) | 가슴 | ga-seum |
| seio (m) | 가슴 | ga-seum |
| lado (m) | 옆구리 | yeop-gu-ri |
| costas (dorso) | 등 | deung |
| região (f) lombar | 허리 | heo-ri |
| cintura (f) | 허리 | heo-ri |
| | | |
| umbigo (m) | 배꼽 | bae-kkop |
| nádegas (f pl) | 엉덩이 | eong-deong-i |
| traseiro (m) | 엉덩이 | eong-deong-i |
| | | |
| sinal (m), pinta (f) | 점 | jeom |
| sinal (m) de nascença | 모반 | mo-ban |
| tatuagem (f) | 문신 | mun-sin |
| cicatriz (f) | 흉터 | hyung-teo |

# Vestuário & Acessórios

## 30. Roupa exterior. Casacos

| | | |
|---|---|---|
| roupa (f) | 옷 | ot |
| roupa (f) exterior | 겉옷 | geo-tot |
| roupa (f) de inverno | 겨울옷 | gyeo-u-rot |
| | | |
| sobretudo (m) | 코트 | ko-teu |
| casaco (m) de pele | 모피 외투 | mo-pi oe-tu |
| jaqueta (f) de pele | 짧은 모피 외투 | jjal-beun mo-pi oe-tu |
| casaco (m) acolchoado | 패딩점퍼 | pae-ding-jeom-peo |
| | | |
| casaco (m), jaqueta (f) | 재킷 | jae-kit |
| impermeável (m) | 트렌치코트 | teu-ren-chi-ko-teu |
| a prova d'água | 방수의 | bang-su-ui |

## 31. Vestuário de homem & mulher

| | | |
|---|---|---|
| camisa (f) | 셔츠 | syeo-cheu |
| calça (f) | 바지 | ba-ji |
| jeans (m) | 청바지 | cheong-ba-ji |
| paletó, terno (m) | 재킷 | jae-kit |
| terno (m) | 양복 | yang-bok |
| | | |
| vestido (ex. ~ de noiva) | 드레스 | deu-re-seu |
| saia (f) | 치마 | chi-ma |
| blusa (f) | 블라우스 | beul-la-u-seu |
| casaco (m) de malha | 니트 재킷 | ni-teu jae-kit |
| casaco, blazer (m) | 재킷 | jae-kit |
| | | |
| camiseta (f) | 티셔츠 | ti-syeo-cheu |
| short (m) | 반바지 | ban-ba-ji |
| training (m) | 운동복 | un-dong-bok |
| roupão (m) de banho | 목욕가운 | mo-gyok-ga-un |
| pijama (m) | 파자마 | pa-ja-ma |
| | | |
| suéter (m) | 스웨터 | seu-we-teo |
| pulôver (m) | 풀오버 | pu-ro-beo |
| | | |
| colete (m) | 조끼 | jo-kki |
| fraque (m) | 연미복 | yeon-mi-bok |
| smoking (m) | 턱시도 | teok-si-do |
| | | |
| uniforme (m) | 제복 | je-bok |
| roupa (f) de trabalho | 작업복 | ja-geop-bok |
| macacão (m) | 작업바지 | ja-geop-ba-ji |
| jaleco (m), bata (f) | 가운 | ga-un |

## 32. Vestuário. Roupa interior

| | | |
|---|---|---|
| roupa (f) íntima | 속옷 | so-got |
| camiseta (f) | 러닝 셔츠 | reo-ning syeo-cheu |
| meias (f pl) | 양말 | yang-mal |
| camisola (f) | 잠옷 | jam-ot |
| sutiã (m) | 브라 | beu-ra |
| meias longas (f pl) | 무릎길이 스타킹 | mu-reup-gi-ri seu-ta-king |
| meias-calças (f pl) | 팬티 스타킹 | paen-ti seu-ta-king |
| meias (~ de nylon) | 밴드 스타킹 | baen-deu seu-ta-king |
| maiô (m) | 수영복 | su-yeong-bok |

## 33. Adereços de cabeça

| | | |
|---|---|---|
| chapéu (m), touca (f) | 모자 | mo-ja |
| chapéu (m) de feltro | 중절모 | jung-jeol-mo |
| boné (m) de beisebol | 야구 모자 | ya-gu mo-ja |
| boina (~ italiana) | 플랫캡 | peul-laet-kaep |
| boina (ex. ~ basca) | 베레모 | be-re-mo |
| capuz (m) | 후드 | hu-deu |
| chapéu panamá (m) | 파나마 모자 | pa-na-ma mo-ja |
| touca (f) | 니트 모자 | ni-teu mo-ja |
| lenço (m) | 스카프 | seu-ka-peu |
| chapéu (m) feminino | 여성용 모자 | yeo-seong-yong mo-ja |
| capacete (m) de proteção | 안전모 | an-jeon-mo |
| bibico (m) | 개리슨 캡 | gae-ri-seun kaep |
| capacete (m) | 헬멧 | hel-met |

## 34. Calçado

| | | |
|---|---|---|
| calçado (m) | 신발 | sin-bal |
| botinas (f pl), sapatos (m pl) | 구두 | gu-du |
| sapatos (de salto alto, etc.) | 구두 | gu-du |
| botas (f pl) | 부츠 | bu-cheu |
| pantufas (f pl) | 슬리퍼 | seul-li-peo |
| tênis (~ Nike, etc.) | 운동화 | un-dong-hwa |
| tênis (~ Converse) | 스니커즈 | seu-ni-keo-jeu |
| sandálias (f pl) | 샌들 | saen-deul |
| sapateiro (m) | 구둣방 | gu-dut-bang |
| salto (m) | 굽 | gup |
| par (m) | 켤레 | kyeol-le |
| cadarço (m) | 끈 | kkeun |
| amarrar os cadarços | 끈을 매다 | kkeu-neul mae-da |
| calçadeira (f) | 구둣주걱 | gu-dut-ju-geok |
| graxa (f) para calçado | 구두약 | gu-du-yak |

## 35. Têxtil. Tecidos

| | | |
|---|---|---|
| algodão (m) | 면 | myeon |
| de algodão | 면의 | myeo-nui |
| linho (m) | 리넨 | ri-nen |
| de linho | 린넨의 | rin-ne-nui |
| | | |
| seda (f) | 실크 | sil-keu |
| de seda | 실크의 | sil-keu-ui |
| lã (f) | 모직, 울 | mo-jik, ul |
| de lã | 모직의 | mo-ji-gui |
| | | |
| veludo (m) | 벨벳 | bel-bet |
| camurça (f) | 스웨이드 | seu-we-i-deu |
| veludo (m) cotelê | 코듀로이 | ko-dyu-ro-i |
| | | |
| nylon (m) | 나일론 | na-il-lon |
| de nylon | 나일론의 | na-il-lo-nui |
| poliéster (m) | 폴리에스테르 | pol-li-e-seu-te-reu |
| de poliéster | 폴리에스테르의 | pol-li-e-seu-te-reu-ui |
| | | |
| couro (m) | 가죽 | ga-juk |
| de couro | 가죽의 | ga-ju-gui |
| pele (f) | 모피 | mo-pi |
| de pele | 모피의 | mo-pi-ui |

## 36. Acessórios pessoais

| | | |
|---|---|---|
| luva (f) | 장갑 | jang-gap |
| mitenes (f pl) | 벙어리장갑 | beong-eo-ri-jang-gap |
| cachecol (m) | 목도리 | mok-do-ri |
| | | |
| óculos (m pl) | 안경 | an-gyeong |
| armação (f) | 안경테 | an-gyeong-te |
| guarda-chuva (m) | 우산 | u-san |
| bengala (f) | 지팡이 | ji-pang-i |
| escova (f) para o cabelo | 빗, 솔빗 | bit, sol-bit |
| leque (m) | 부채 | bu-chae |
| gravata (f) | 넥타이 | nek-ta-i |
| gravata-borboleta (f) | 나비넥타이 | na-bi-nek-ta-i |
| suspensórios (m pl) | 멜빵 | mel-ppang |
| lenço (m) | 손수건 | son-su-geon |
| | | |
| pente (m) | 빗 | bit |
| fivela (f) para cabelo | 머리핀 | meo-ri-pin |
| grampo (m) | 머리핀 | meo-ri-pin |
| fivela (f) | 버클 | beo-keul |
| | | |
| cinto (m) | 벨트 | bel-teu |
| alça (f) de ombro | 어깨끈 | eo-kkae-kkeun |
| bolsa (f) | 가방 | ga-bang |
| bolsa (feminina) | 핸드백 | haen-deu-baek |
| mochila (f) | 배낭 | bae-nang |

## 37. Vestuário. Diversos

| | | |
|---|---|---|
| moda (f) | 패션 | pae-syeon |
| na moda (adj) | 유행하는 | yu-haeng-ha-neun |
| estilista (m) | 패션 디자이너 | pae-syeon di-ja-i-neo |
| | | |
| colarinho (m) | 옷깃 | ot-git |
| bolso (m) | 주머니, 포켓 | ju-meo-ni, po-ket |
| de bolso | 주머니의 | ju-meo-ni-ui |
| manga (f) | 소매 | so-mae |
| ganchinho (m) | 거는 끈 | geo-neun kkeun |
| bragueta (f) | 바지 지퍼 | ba-ji ji-peo |
| | | |
| zíper (m) | 지퍼 | ji-peo |
| colchete (m) | 조임쇠 | jo-im-soe |
| botão (m) | 단추 | dan-chu |
| botoeira (casa de botão) | 단춧 구멍 | dan-chut gu-meong |
| soltar-se (vr) | 떨어지다 | tteo-reo-ji-da |
| | | |
| costurar (vi) | 바느질하다 | ba-neu-jil-ha-da |
| bordar (vt) | 수놓다 | su-no-ta |
| bordado (m) | 자수 | ja-su |
| agulha (f) | 바늘 | ba-neul |
| fio, linha (f) | 실 | sil |
| costura (f) | 솔기 | sol-gi |
| | | |
| sujar-se (vr) | 더러워지다 | deo-reo-wo-ji-da |
| mancha (f) | 얼룩 | eol-luk |
| amarrotar-se (vr) | 구겨지다 | gu-gyeo-ji-da |
| rasgar (vt) | 찢다 | jjit-da |
| traça (f) | 좀 | jom |

## 38. Cuidados pessoais. Cosméticos

| | | |
|---|---|---|
| pasta (f) de dente | 치약 | chi-yak |
| escova (f) de dente | 칫솔 | chit-sol |
| escovar os dentes | 이를 닦다 | i-reul dak-da |
| | | |
| gilete (f) | 면도기 | myeon-do-gi |
| creme (m) de barbear | 면도용 크림 | myeon-do-yong keu-rim |
| barbear-se (vr) | 깎다 | kkak-da |
| | | |
| sabonete (m) | 비누 | bi-nu |
| xampu (m) | 샴푸 | syam-pu |
| | | |
| tesoura (f) | 가위 | ga-wi |
| lixa (f) de unhas | 손톱줄 | son-top-jul |
| corta-unhas (m) | 손톱깎이 | son-top-kka-kki |
| pinça (f) | 족집게 | jok-jip-ge |
| | | |
| cosméticos (m pl) | 화장품 | hwa-jang-pum |
| máscara (f) | 얼굴 마스크 | eol-gul ma-seu-keu |
| manicure (f) | 매니큐어 | mae-ni-kyu-eo |

| fazer as unhas | 매니큐어를 칠하다 | mae-ni-kyu-eo-reul chil-ha-da |
| pedicure (f) | 페디큐어 | pe-di-kyu-eo |

| bolsa (f) de maquiagem | 화장품 가방 | hwa-jang-pum ga-bang |
| pó (de arroz) | 분 | bun |
| pó (m) compacto | 콤팩트 | kom-paek-teu |
| blush (m) | 블러셔 | beul-leo-syeo |

| perfume (m) | 향수 | hyang-su |
| água-de-colônia (f) | 화장수 | hwa-jang-su |
| loção (f) | 로션 | ro-syeon |
| colônia (f) | 오드콜로뉴 | o-deu-kol-lo-nyu |

| sombra (f) de olhos | 아이섀도 | a-i-syae-do |
| delineador (m) | 아이라이너 | a-i-ra-i-neo |
| máscara (f), rímel (m) | 마스카라 | ma-seu-ka-ra |

| batom (m) | 립스틱 | rip-seu-tik |
| esmalte (m) | 매니큐어 | mae-ni-kyu-eo |
| laquê (m), spray fixador (m) | 헤어 스프레이 | he-eo seu-peu-re-i |
| desodorante (m) | 데오도란트 | de-o-do-ran-teu |

| creme (m) | 크림 | keu-rim |
| creme (m) de rosto | 얼굴 크림 | eol-gul keu-rim |
| creme (m) de mãos | 핸드 크림 | haen-deu keu-rim |
| creme (m) antirrugas | 주름제거 크림 | ju-reum-je-geo keu-rim |
| de dia | 낮의 | na-jui |
| da noite | 밤의 | ba-mui |

| absorvente (m) interno | 탐폰 | tam-pon |
| papel (m) higiênico | 화장지 | hwa-jang-ji |
| secador (m) de cabelo | 헤어 드라이어 | he-eo deu-ra-i-eo |

## 39. Joalheria

| joias (f pl) | 보석 | bo-seok |
| precioso (adj) | 귀중한 | gwi-jung-han |
| marca (f) de contraste | 품질 보증 마크 | pum-jil bo-jeung ma-keu |

| anel (m) | 반지 | ban-ji |
| aliança (f) | 결혼반지 | gyeol-hon-ban-ji |
| pulseira (f) | 팔찌 | pal-jji |

| brincos (m pl) | 귀걸이 | gwi-geo-ri |
| colar (m) | 목걸이 | mok-geo-ri |
| coroa (f) | 왕관 | wang-gwan |
| colar (m) de contas | 구슬 목걸이 | gu-seul mok-geo-ri |

| diamante (m) | 다이아몬드 | da-i-a-mon-deu |
| esmeralda (f) | 에메랄드 | e-me-ral-deu |
| rubi (m) | 루비 | ru-bi |
| safira (f) | 사파이어 | sa-pa-i-eo |
| pérola (f) | 진주 | jin-ju |
| âmbar (m) | 호박 | ho-bak |

## 40. Relógios de pulso. Relógios

| | | |
|---|---|---|
| relógio (m) de pulso | 손목 시계 | son-mok si-gye |
| mostrador (m) | 문자반 | mun-ja-ban |
| ponteiro (m) | 바늘 | ba-neul |
| bracelete (em aço) | 금속제 시계줄 | geum-sok-je si-gye-jul |
| bracelete (em couro) | 시계줄 | si-gye-jul |
| | | |
| pilha (f) | 건전지 | geon-jeon-ji |
| acabar (vi) | 나가다 | na-ga-da |
| trocar a pilha | 배터리를 갈다 | bae-teo-ri-reul gal-da |
| estar adiantado | 빨리 가다 | ppal-li ga-da |
| estar atrasado | 늦게 가다 | neut-ge ga-da |
| | | |
| relógio (m) de parede | 벽시계 | byeok-si-gye |
| ampulheta (f) | 모래시계 | mo-rae-si-gye |
| relógio (m) de sol | 해시계 | hae-si-gye |
| despertador (m) | 알람 시계 | al-lam si-gye |
| relojoeiro (m) | 시계 기술자 | si-gye gi-sul-ja |
| reparar (vt) | 수리하다 | su-ri-ha-da |

# Alimentação. Nutrição

## 41. Comida

| | | |
|---|---|---|
| carne (f) | 고기 | go-gi |
| galinha (f) | 닭고기 | dak-go-gi |
| frango (m) | 영계 | yeong-gye |
| pato (m) | 오리고기 | o-ri-go-gi |
| ganso (m) | 거위고기 | geo-wi-go-gi |
| caça (f) | 사냥감 | sa-nyang-gam |
| peru (m) | 칠면조고기 | chil-myeon-jo-go-gi |
| | | |
| carne (f) de porco | 돼지고기 | dwae-ji-go-gi |
| carne (f) de vitela | 송아지 고기 | song-a-ji go-gi |
| carne (f) de carneiro | 양고기 | yang-go-gi |
| carne (f) de vaca | 소고기 | so-go-gi |
| carne (f) de coelho | 토끼고기 | to-kki-go-gi |
| | | |
| linguiça (f), salsichão (m) | 소시지 | so-si-ji |
| salsicha (f) | 비엔나 소시지 | bi-en-na so-si-ji |
| bacon (m) | 베이컨 | be-i-keon |
| presunto (m) | 햄 | haem |
| pernil (m) de porco | 개먼 | gae-meon |
| | | |
| patê (m) | 파테 | pa-te |
| fígado (m) | 간 | gan |
| guisado (m) | 다진 고기 | da-jin go-gi |
| língua (f) | 혀 | hyeo |
| | | |
| ovo (m) | 계란 | gye-ran |
| ovos (m pl) | 계란 | gye-ran |
| clara (f) de ovo | 흰자 | huin-ja |
| gema (f) de ovo | 노른자 | no-reun-ja |
| | | |
| peixe (m) | 생선 | saeng-seon |
| mariscos (m pl) | 해물 | hae-mul |
| caviar (m) | 캐비어 | kae-bi-eo |
| | | |
| caranguejo (m) | 게 | ge |
| camarão (m) | 새우 | sae-u |
| ostra (f) | 굴 | gul |
| lagosta (f) | 대하 | dae-ha |
| polvo (m) | 문어 | mun-eo |
| lula (f) | 오징어 | o-jing-eo |
| | | |
| esturjão (m) | 철갑상어 | cheol-gap-sang-eo |
| salmão (m) | 연어 | yeon-eo |
| halibute (m) | 넙치 | neop-chi |
| bacalhau (m) | 대구 | dae-gu |
| cavala, sarda (f) | 고등어 | go-deung-eo |

| | | |
|---|---|---|
| atum (m) | 참치 | cham-chi |
| enguia (f) | 뱀장어 | baem-jang-eo |
| | | |
| truta (f) | 송어 | song-eo |
| sardinha (f) | 정어리 | jeong-eo-ri |
| lúcio (m) | 강꼬치고기 | gang-kko-chi-go-gi |
| arenque (m) | 청어 | cheong-eo |
| | | |
| pão (m) | 빵 | ppang |
| queijo (m) | 치즈 | chi-jeu |
| açúcar (m) | 설탕 | seol-tang |
| sal (m) | 소금 | so-geum |
| | | |
| arroz (m) | 쌀 | ssal |
| massas (f pl) | 파스타 | pa-seu-ta |
| talharim, miojo (m) | 면 | myeon |
| | | |
| manteiga (f) | 버터 | beo-teo |
| óleo (m) vegetal | 식물유 | sing-mu-ryu |
| óleo (m) de girassol | 해바라기유 | hae-ba-ra-gi-yu |
| margarina (f) | 마가린 | ma-ga-rin |
| | | |
| azeitonas (f pl) | 올리브 | ol-li-beu |
| azeite (m) | 올리브유 | ol-li-beu-yu |
| | | |
| leite (m) | 우유 | u-yu |
| leite (m) condensado | 연유 | yeo-nyu |
| iogurte (m) | 요구르트 | yo-gu-reu-teu |
| creme (m) azedo | 사워크림 | sa-wo-keu-rim |
| creme (m) de leite | 크림 | keu-rim |
| | | |
| maionese (f) | 마요네즈 | ma-yo-ne-jeu |
| creme (m) | 버터크림 | beo-teo-keu-rim |
| | | |
| grãos (m pl) de cereais | 곡물 | gong-mul |
| farinha (f) | 밀가루 | mil-ga-ru |
| enlatados (m pl) | 통조림 | tong-jo-rim |
| | | |
| flocos (m pl) de milho | 콘플레이크 | kon-peul-le-i-keu |
| mel (m) | 꿀 | kkul |
| geleia (m) | 잼 | jaem |
| chiclete (m) | 껌 | kkeom |

## 42. Bebidas

| | | |
|---|---|---|
| água (f) | 물 | mul |
| água (f) potável | 음료수 | eum-nyo-su |
| água (f) mineral | 미네랄 워터 | mi-ne-ral rwo-teo |
| | | |
| sem gás (adj) | 탄산 없는 | tan-san neom-neun |
| gaseificada (adj) | 탄산의 | tan-sa-nui |
| com gás | 탄산이 든 | tan-san-i deun |
| gelo (m) | 얼음 | eo-reum |
| com gelo | 얼음을 넣은 | eo-reu-meul leo-eun |

| | | |
|---|---|---|
| não alcoólico (adj) | 무알코올의 | mu-al-ko-o-rui |
| refrigerante (m) | 청량음료 | cheong-nyang-eum-nyo |
| refresco (m) | 청량 음료 | cheong-nyang eum-nyo |
| limonada (f) | 레모네이드 | re-mo-ne-i-deu |
| | | |
| bebidas (f pl) alcoólicas | 술 | sul |
| vinho (m) | 와인 | wa-in |
| vinho (m) branco | 백 포도주 | baek po-do-ju |
| vinho (m) tinto | 레드 와인 | re-deu wa-in |
| | | |
| licor (m) | 리큐르 | ri-kyu-reu |
| champanhe (m) | 샴페인 | syam-pe-in |
| vermute (m) | 베르무트 | be-reu-mu-teu |
| | | |
| uísque (m) | 위스키 | wi-seu-ki |
| vodca (f) | 보드카 | bo-deu-ka |
| gim (m) | 진 | jin |
| conhaque (m) | 코냑 | ko-nyak |
| rum (m) | 럼 | reom |
| | | |
| café (m) | 커피 | keo-pi |
| café (m) preto | 블랙 커피 | beul-laek keo-pi |
| café (m) com leite | 밀크 커피 | mil-keu keo-pi |
| cappuccino (m) | 카푸치노 | ka-pu-chi-no |
| café (m) solúvel | 인스턴트 커피 | in-seu-teon-teu keo-pi |
| | | |
| leite (m) | 우유 | u-yu |
| coquetel (m) | 칵테일 | kak-te-il |
| batida (f), milkshake (m) | 밀크 셰이크 | mil-keu sye-i-keu |
| | | |
| suco (m) | 주스 | ju-seu |
| suco (m) de tomate | 토마토 주스 | to-ma-to ju-seu |
| suco (m) de laranja | 오렌지 주스 | o-ren-ji ju-seu |
| suco (m) fresco | 생과일주스 | saeng-gwa-il-ju-seu |
| | | |
| cerveja (f) | 맥주 | maek-ju |
| cerveja (f) clara | 라거 | ra-geo |
| cerveja (f) preta | 흑맥주 | heung-maek-ju |
| | | |
| chá (m) | 차 | cha |
| chá (m) preto | 홍차 | hong-cha |
| chá (m) verde | 녹차 | nok-cha |

## 43. Vegetais

| | | |
|---|---|---|
| vegetais (m pl) | 채소 | chae-so |
| verdura (f) | 녹황색 채소 | nok-wang-saek chae-so |
| | | |
| tomate (m) | 토마토 | to-ma-to |
| pepino (m) | 오이 | o-i |
| cenoura (f) | 당근 | dang-geun |
| batata (f) | 감자 | gam-ja |
| cebola (f) | 양파 | yang-pa |
| alho (m) | 마늘 | ma-neul |

| couve (f) | 양배추 | yang-bae-chu |
| couve-flor (f) | 컬리플라워 | keol-li-peul-la-wo |
| couve-de-bruxelas (f) | 방울다다기 양배추 | bang-ul-da-da-gi yang-bae-chu |

| brócolis (m pl) | 브로콜리 | beu-ro-kol-li |

| beterraba (f) | 비트 | bi-teu |
| berinjela (f) | 가지 | ga-ji |
| abobrinha (f) | 애호박 | ae-ho-bak |
| abóbora (f) | 호박 | ho-bak |
| nabo (m) | 순무 | sun-mu |

| salsa (f) | 파슬리 | pa-seul-li |
| endro, aneto (m) | 딜 | dil |
| alface (f) | 양상추 | yang-sang-chu |
| aipo (m) | 셀러리 | sel-leo-ri |
| aspargo (m) | 아스파라거스 | a-seu-pa-ra-geo-seu |
| espinafre (m) | 시금치 | si-geum-chi |

| ervilha (f) | 완두 | wan-du |
| feijão (~ soja, etc.) | 콩 | kong |
| milho (m) | 옥수수 | ok-su-su |
| feijão (m) roxo | 강낭콩 | gang-nang-kong |

| pimentão (m) | 피망 | pi-mang |
| rabanete (m) | 무 | mu |
| alcachofra (f) | 아티초크 | a-ti-cho-keu |

## 44. Frutos. Nozes

| fruta (f) | 과일 | gwa-il |
| maçã (f) | 사과 | sa-gwa |
| pera (f) | 배 | bae |
| limão (m) | 레몬 | re-mon |
| laranja (f) | 오렌지 | o-ren-ji |
| morango (m) | 딸기 | ttal-gi |

| tangerina (f) | 귤 | gyul |
| ameixa (f) | 자두 | ja-du |
| pêssego (m) | 복숭아 | bok-sung-a |
| damasco (m) | 살구 | sal-gu |
| framboesa (f) | 라즈베리 | ra-jeu-be-ri |
| abacaxi (m) | 파인애플 | pa-in-ae-peul |

| banana (f) | 바나나 | ba-na-na |
| melancia (f) | 수박 | su-bak |
| uva (f) | 포도 | po-do |
| ginja (f) | 신양 | si-nyang |
| cereja (f) | 양벚나무 | yang-beon-na-mu |
| melão (m) | 멜론 | mel-lon |

| toranja (f) | 자몽 | ja-mong |
| abacate (m) | 아보카도 | a-bo-ka-do |
| mamão (m) | 파파야 | pa-pa-ya |

| manga (f) | 망고 | mang-go |
| romã (f) | 석류 | seong-nyu |

| groselha (f) vermelha | 레드커렌트 | re-deu-keo-ren-teu |
| groselha (f) negra | 블랙커렌트 | beul-laek-keo-ren-teu |
| groselha (f) espinhosa | 구스베리 | gu-seu-be-ri |
| mirtilo (m) | 빌베리 | bil-be-ri |
| amora (f) silvestre | 블랙베리 | beul-laek-be-ri |

| passa (f) | 건포도 | geon-po-do |
| figo (m) | 무화과 | mu-hwa-gwa |
| tâmara (f) | 대추야자 | dae-chu-ya-ja |

| amendoim (m) | 땅콩 | ttang-kong |
| amêndoa (f) | 아몬드 | a-mon-deu |
| noz (f) | 호두 | ho-du |
| avelã (f) | 개암 | gae-am |
| coco (m) | 코코넛 | ko-ko-neot |
| pistaches (m pl) | 피스타치오 | pi-seu-ta-chi-o |

## 45. Pão. Bolaria

| pastelaria (f) | 과자류 | gwa-ja-ryu |
| pão (m) | 빵 | ppang |
| biscoito (m), bolacha (f) | 쿠키 | ku-ki |

| chocolate (m) | 초콜릿 | cho-kol-lit |
| de chocolate | 초콜릿의 | cho-kol-lis-ui |
| bala (f) | 사탕 | sa-tang |
| doce (bolo pequeno) | 케이크 | ke-i-keu |
| bolo (m) de aniversário | 케이크 | ke-i-keu |

| torta (f) | 파이 | pa-i |
| recheio (m) | 속 | sok |

| geleia (m) | 잼 | jaem |
| marmelada (f) | 마멀레이드 | ma-meol-le-i-deu |
| wafers (m pl) | 와플 | wa-peul |
| sorvete (m) | 아이스크림 | a-i-seu-keu-rim |

## 46. Pratos cozinhados

| prato (m) | 요리, 코스 | yo-ri, ko-seu |
| cozinha (~ portuguesa) | 요리 | yo-ri |
| receita (f) | 요리법 | yo-ri-beop |
| porção (f) | 분량 | bul-lyang |

| salada (f) | 샐러드 | sael-leo-deu |
| sopa (f) | 수프 | su-peu |

| caldo (m) | 육수 | yuk-su |
| sanduíche (m) | 샌드위치 | saen-deu-wi-chi |

| ovos (m pl) fritos | 계란후라이 | gye-ran-hu-ra-i |
| hambúrguer (m) | 햄버거 | haem-beo-geo |
| bife (m) | 비프스테이크 | bi-peu-seu-te-i-keu |

| acompanhamento (m) | 사이드 메뉴 | sa-i-deu me-nyu |
| espaguete (m) | 스파게티 | seu-pa-ge-ti |
| purê (m) de batata | 으깬 감자 | eu-kkaen gam-ja |
| pizza (f) | 피자 | pi-ja |
| mingau (m) | 죽 | juk |
| omelete (f) | 오믈렛 | o-meul-let |

| fervido (adj) | 삶은 | sal-meun |
| defumado (adj) | 훈제된 | hun-je-doen |
| frito (adj) | 뛰긴 | twi-gin |
| seco (adj) | 말린 | mal-lin |
| congelado (adj) | 얼린 | eol-lin |
| em conserva (adj) | 초절인 | cho-jeo-rin |

| doce (adj) | 단 | dan |
| salgado (adj) | 짠 | jjan |
| frio (adj) | 차가운 | cha-ga-un |
| quente (adj) | 뜨거운 | tteu-geo-un |
| amargo (adj) | 쓴 | sseun |
| gostoso (adj) | 맛있는 | man-nin-neun |

| cozinhar em água fervente | 삶다 | sam-da |
| preparar (vt) | 요리하다 | yo-ri-ha-da |
| fritar (vt) | 부치다 | bu-chi-da |
| aquecer (vt) | 데우다 | de-u-da |

| salgar (vt) | 소금을 넣다 | so-geu-meul leo-ta |
| apimentar (vt) | 후추를 넣다 | hu-chu-reul leo-ta |
| ralar (vt) | 강판에 갈다 | gang-pa-ne gal-da |
| casca (f) | 껍질 | kkeop-jil |
| descascar (vt) | 껍질 벗기다 | kkeop-jil beot-gi-da |

## 47. Especiarias

| sal (m) | 소금 | so-geum |
| salgado (adj) | 짜 | jja |
| salgar (vt) | 소금을 넣다 | so-geu-meul leo-ta |

| pimenta-do-reino (f) | 후추 | hu-chu |
| pimenta (f) vermelha | 고춧가루 | go-chut-ga-ru |
| mostarda (f) | 겨자 | gyeo-ja |
| raiz-forte (f) | 고추냉이 | go-chu-naeng-i |

| condimento (m) | 양념 | yang-nyeom |
| especiaria (f) | 향료 | hyang-nyo |
| molho (~ inglês) | 소스 | so-seu |
| vinagre (m) | 식초 | sik-cho |

| anis estrelado (m) | 아니스 | a-ni-seu |
| manjericão (m) | 바질 | ba-jil |

| cravo (m) | 정향 | jeong-hyang |
| gengibre (m) | 생강 | saeng-gang |
| coentro (m) | 고수 | go-su |
| canela (f) | 계피 | gye-pi |

| gergelim (m) | 깨 | kkae |
| folha (f) de louro | 월계수잎 | wol-gye-su-ip |
| páprica (f) | 파프리카 | pa-peu-ri-ka |
| cominho (m) | 캐러웨이 | kae-reo-we-i |
| açafrão (m) | 사프란 | sa-peu-ran |

## 48. Refeições

| comida (f) | 음식 | eum-sik |
| comer (vt) | 먹다 | meok-da |

| café (m) da manhã | 아침식사 | a-chim-sik-sa |
| tomar café da manhã | 아침을 먹다 | a-chi-meul meok-da |
| almoço (m) | 점심식사 | jeom-sim-sik-sa |
| almoçar (vi) | 점심을 먹다 | jeom-si-meul meok-da |
| jantar (m) | 저녁식사 | jeo-nyeok-sik-sa |
| jantar (vi) | 저녁을 먹다 | jeo-nyeo-geul meok-da |

| apetite (m) | 식욕 | si-gyok |
| Bom apetite! | 맛있게 드십시오! | man-nit-ge deu-sip-si-o! |

| abrir (~ uma lata, etc.) | 열다 | yeol-da |
| derramar (~ líquido) | 엎지르다 | eop-ji-reu-da |
| derramar-se (vr) | 쏟아지다 | sso-da-ji-da |

| ferver (vi) | 끓다 | kkeul-ta |
| ferver (vt) | 끓이다 | kkeu-ri-da |
| fervido (adj) | 끓인 | kkeu-rin |
| esfriar (vt) | 식히다 | sik-i-da |
| esfriar-se (vr) | 식다 | sik-da |

| sabor, gosto (m) | 맛 | mat |
| fim (m) de boca | 뒷 맛 | dwit mat |

| emagrecer (vi) | 살을 빼다 | sa-reul ppae-da |
| dieta (f) | 다이어트 | da-i-eo-teu |
| vitamina (f) | 비타민 | bi-ta-min |
| caloria (f) | 칼로리 | kal-lo-ri |

| vegetariano (m) | 채식주의자 | chae-sik-ju-ui-ja |
| vegetariano (adj) | 채식주의의 | chae-sik-ju-ui-ui |

| gorduras (f pl) | 지방 | ji-bang |
| proteínas (f pl) | 단백질 | dan-baek-jil |
| carboidratos (m pl) | 탄수화물 | tan-su-hwa-mul |

| fatia (~ de limão, etc.) | 조각 | jo-gak |
| pedaço (~ de bolo) | 조각 | jo-gak |
| migalha (f), farelo (m) | 부스러기 | bu-seu-reo-gi |

## 49. Por a mesa

| | | |
|---|---|---|
| colher (f) | 숟가락 | sut-ga-rak |
| faca (f) | 나이프 | na-i-peu |
| garfo (m) | 포크 | po-keu |
| | | |
| xícara (f) | 컵 | keop |
| prato (m) | 접시 | jeop-si |
| pires (m) | 받침 접시 | bat-chim jeop-si |
| guardanapo (m) | 냅킨 | naep-kin |
| palito (m) | 이쑤시개 | i-ssu-si-gae |

## 50. Restaurante

| | | |
|---|---|---|
| restaurante (m) | 레스토랑 | re-seu-to-rang |
| cafeteria (f) | 커피숍 | keo-pi-syop |
| bar (m), cervejaria (f) | 바 | ba |
| salão (m) de chá | 카페, 티룸 | ka-pe, ti-rum |
| | | |
| garçom (m) | 웨이터 | we-i-teo |
| garçonete (f) | 웨이트리스 | we-i-teu-ri-seu |
| barman (m) | 바텐더 | ba-ten-deo |
| | | |
| cardápio (m) | 메뉴판 | me-nyu-pan |
| lista (f) de vinhos | 와인 메뉴 | wa-in me-nyu |
| reservar uma mesa | 테이블 예약을 하다 | te-i-beul rye-ya-geul ha-da |
| | | |
| prato (m) | 요리, 코스 | yo-ri, ko-seu |
| pedir (vt) | 주문하다 | ju-mun-ha-da |
| fazer o pedido | 주문을 하다 | ju-mu-neul ha-da |
| | | |
| aperitivo (m) | 아페리티프 | a-pe-ri-ti-peu |
| entrada (f) | 애피타이저 | ae-pi-ta-i-jeo |
| sobremesa (f) | 디저트 | di-jeo-teu |
| | | |
| conta (f) | 계산서 | gye-san-seo |
| pagar a conta | 계산하다 | gye-san-ha-da |
| dar o troco | 거스름돈을 주다 | geo-seu-reum-do-neul ju-da |
| gorjeta (f) | 팁 | tip |

# Família, parentes e amigos

## 51. Informação pessoal. Formulários

| | | |
|---|---|---|
| nome (m) | 이름 | i-reum |
| sobrenome (m) | 성 | seong |
| data (f) de nascimento | 생년월일 | saeng-nyeon-wo-ril |
| local (m) de nascimento | 탄생지 | tan-saeng-ji |
| nacionalidade (f) | 국적 | guk-jeok |
| lugar (m) de residência | 거소 | geo-so |
| país (m) | 나라 | na-ra |
| profissão (f) | 직업 | ji-geop |
| sexo (m) | 성별 | seong-byeol |
| estatura (f) | 키 | ki |
| peso (m) | 몸무게 | mom-mu-ge |

## 52. Membros da família. Parentes

| | | |
|---|---|---|
| mãe (f) | 어머니 | eo-meo-ni |
| pai (m) | 아버지 | a-beo-ji |
| filho (m) | 아들 | a-deul |
| filha (f) | 딸 | ttal |
| caçula (f) | 작은딸 | ja-geun-ttal |
| caçula (m) | 작은아들 | ja-geun-a-deul |
| filha (f) mais velha | 맏딸 | mat-ttal |
| filho (m) mais velho | 맏아들 | ma-da-deul |
| irmão (m) | 형제 | hyeong-je |
| irmã (f) | 자매 | ja-mae |
| primo (m) | 사촌 형제 | sa-chon hyeong-je |
| prima (f) | 사촌 자매 | sa-chon ja-mae |
| mamãe (f) | 엄마 | eom-ma |
| papai (m) | 아빠 | a-ppa |
| pais (pl) | 부모 | bu-mo |
| criança (f) | 아이, 아동 | a-i, a-dong |
| crianças (f pl) | 아이들 | a-i-deul |
| avó (f) | 할머니 | hal-meo-ni |
| avô (m) | 할아버지 | ha-ra-beo-ji |
| neto (m) | 손자 | son-ja |
| neta (f) | 손녀 | son-nyeo |
| netos (pl) | 손자들 | son-ja-deul |
| tio (m) | 삼촌 | sam-chon |

| | | |
|---|---|---|
| sobrinho (m) | 조카 | jo-ka |
| sobrinha (f) | 조카딸 | jo-ka-ttal |
| | | |
| sogra (f) | 장모 | jang-mo |
| sogro (m) | 시아버지 | si-a-beo-ji |
| genro (m) | 사위 | sa-wi |
| madrasta (f) | 계모 | gye-mo |
| padrasto (m) | 계부 | gye-bu |
| | | |
| criança (f) de colo | 영아 | yeong-a |
| bebê (m) | 아기 | a-gi |
| menino (m) | 꼬마 | kko-ma |
| | | |
| mulher (f) | 아내 | a-nae |
| marido (m) | 남편 | nam-pyeon |
| esposo (m) | 배우자 | bae-u-ja |
| esposa (f) | 배우자 | bae-u-ja |
| | | |
| casado (adj) | 결혼한 | gyeol-hon-han |
| casada (adj) | 결혼한 | gyeol-hon-han |
| solteiro (adj) | 미혼의 | mi-hon-ui |
| solteirão (m) | 미혼 남자 | mi-hon nam-ja |
| divorciado (adj) | 이혼한 | i-hon-han |
| viúva (f) | 과부 | gwa-bu |
| viúvo (m) | 홀아비 | ho-ra-bi |
| | | |
| parente (m) | 친척 | chin-cheok |
| parente (m) próximo | 가까운 친척 | ga-kka-un chin-cheok |
| parente (m) distante | 먼 친척 | meon chin-cheok |
| parentes (m pl) | 친척들 | chin-cheok-deul |
| | | |
| órfão (m), órfã (f) | 고아 | go-a |
| tutor (m) | 후견인 | hu-gyeon-in |
| adotar (um filho) | 입양하다 | i-byang-ha-da |
| adotar (uma filha) | 입양하다 | i-byang-ha-da |

## 53. Amigos. Colegas de trabalho

| | | |
|---|---|---|
| amigo (m) | 친구 | chin-gu |
| amiga (f) | 친구 | chin-gu |
| amizade (f) | 우정 | u-jeong |
| ser amigos | 사귀다 | sa-gwi-da |
| | | |
| amigo (m) | 벗 | beot |
| amiga (f) | 벗 | beot |
| parceiro (m) | 파트너 | pa-teu-neo |
| | | |
| chefe (m) | 상사 | sang-sa |
| superior (m) | 윗사람 | wit-sa-ram |
| subordinado (m) | 부하 | bu-ha |
| colega (m, f) | 동료 | dong-nyo |
| | | |
| conhecido (m) | 아는 사람 | a-neun sa-ram |
| companheiro (m) de viagem | 동행자 | dong-haeng-ja |

| colega (m) de classe | 동급생 | dong-geup-saeng |
| vizinho (m) | 이웃 | i-ut |
| vizinha (f) | 이웃 | i-ut |
| vizinhos (pl) | 이웃들 | i-ut-deul |

## 54. Homem. Mulher

| mulher (f) | 여자 | yeo-ja |
| menina (f) | 소녀, 아가씨 | so-nyeo, a-ga-ssi |
| noiva (f) | 신부 | sin-bu |

| bonita, bela (adj) | 아름다운 | a-reum-da-un |
| alta (adj) | 키가 큰 | ki-ga keun |
| esbelta (adj) | 날씬한 | nal-ssin-han |
| baixa (adj) | 키가 작은 | ki-ga ja-geun |

| loira (f) | 블론드 여자 | beul-lon-deu yeo-ja |
| morena (f) | 갈색머리 여성 | gal-saeng-meo-ri yeo-seong |

| de senhora | 여성의 | yeo-seong-ui |
| virgem (f) | 처녀 | cheo-nyeo |
| grávida (adj) | 임신한 | im-sin-han |

| homem (m) | 남자 | nam-ja |
| loiro (m) | 블론드 남자 | beul-lon-deu nam-ja |
| moreno (m) | 갈색머리 남자 | gal-saeng-meo-ri nam-ja |
| alto (adj) | 키가 큰 | ki-ga keun |
| baixo (adj) | 키가 작은 | ki-ga ja-geun |

| rude (adj) | 무례한 | mu-rye-han |
| atarracado (adj) | 땅딸막한 | ttang-ttal-mak-an |
| robusto (adj) | 강건한 | gang-han |
| forte (adj) | 강한 | gang-han |
| força (f) | 힘 | him |

| gordo (adj) | 뚱뚱한 | ttung-ttung-han |
| moreno (adj) | 거무스레한 | geo-mu-seu-re-han |
| esbelto (adj) | 날씬한 | nal-ssin-han |
| elegante (adj) | 우아한 | u-a-han |

## 55. Idade

| idade (f) | 나이 | na-i |
| juventude (f) | 청년시절 | cheong-nyeon-si-jeol |
| jovem (adj) | 젊은 | jeol-meun |

| mais novo (adj) | 더 젊은 | deo jeol-meun |
| mais velho (adj) | 더 나이 든 | deo na-i deun |

| jovem (m) | 젊은 분 | jeol-meun bun |
| adolescente (m) | 청소년 | cheong-so-nyeon |
| rapaz (m) | 사내 | sa-nae |

| | | |
|---|---|---|
| velho (m) | 노인 | no-in |
| velha (f) | 노인 | no-in |
| | | |
| adulto | 어른 | eo-reun |
| de meia-idade | 중년의 | jung-nyeo-nui |
| idoso, de idade (adj) | 나이 든 | na-i deun |
| velho (adj) | 늙은 | neul-geun |
| | | |
| aposentadoria (f) | 은퇴 | eun-toe |
| aposentar-se (vr) | 은퇴하다 | eun-toe-ha-da |
| aposentado (m) | 은퇴자 | eun-toe-ja |

## 56. Crianças

| | | |
|---|---|---|
| criança (f) | 아이, 아동 | a-i, a-dong |
| crianças (f pl) | 아이들 | a-i-deul |
| gêmeos (m pl), gêmeas (f pl) | 쌍둥이 | ssang-dung-i |
| | | |
| berço (m) | 요람 | yo-ram |
| chocalho (m) | 딸랑이 | ttal-lang-i |
| fralda (f) | 기저귀 | gi-jeo-gwi |
| | | |
| chupeta (f), bico (m) | 젖꼭지 | jeot-kkok-ji |
| carrinho (m) de bebê | 유모차 | yu-mo-cha |
| jardim (m) de infância | 유치원 | yu-chi-won |
| babysitter, babá (f) | 애기보는 사람 | ae-gi-bo-neun sa-ram |
| | | |
| infância (f) | 유년 | yu-nyeon |
| boneca (f) | 인형 | in-hyeong |
| brinquedo (m) | 장난감 | jang-nan-gam |
| jogo (m) de montar | 블록 장난감 | beul-lok jang-nan-gam |
| | | |
| bem-educado (adj) | 잘 교육받은 | jal gyo-yuk-ba-deun |
| malcriado (adj) | 잘못 키운 | jal-mot ki-un |
| mimado (adj) | 버릇없는 | beo-reus-eom-neun |
| | | |
| ser travesso | 짓궂다 | jit-gut-da |
| travesso, traquinas (adj) | 장난기 있는 | jang-nan-gi in-neun |
| travessura (f) | 장난기 | jang-nan-gi |
| criança (f) travessa | 장난꾸러기 | jang-nan-kku-reo-gi |
| | | |
| obediente (adj) | 말 잘 듣는 | mal jal deun-neun |
| desobediente (adj) | 반항적인 | ban-hang-jeo-gin |
| | | |
| dócil (adj) | 유순한 | yu-sun-han |
| inteligente (adj) | 영리한 | yeong-ni-han |
| prodígio (m) | 신동 | sin-dong |

## 57. Casais. Vida de família

| | | |
|---|---|---|
| beijar (vt) | 키스하다 | ki-seu-ha-da |
| beijar-se (vr) | 입을 맞추다 | i-beul mat-chu-da |

| | | |
|---|---|---|
| família (f) | 가족 | ga-jok |
| familiar (vida ~) | 가족의 | ga-jo-gui |
| casal (m) | 부부 | bu-bu |
| matrimônio (m) | 결혼 | gyeol-hon |
| lar (m) | 따뜻한 가정 | tta-tteu-tan ga-jeong |
| dinastia (f) | 혈통 | hyeol-tong |
| | | |
| encontro (m) | 데이트 | de-i-teu |
| beijo (m) | 키스 | ki-seu |
| | | |
| amor (m) | 사랑 | sa-rang |
| amar (pessoa) | 사랑하다 | sa-rang-ha-da |
| amado, querido (adj) | 사랑받는 | sa-rang-ban-neun |
| | | |
| ternura (f) | 상냥함 | sang-nyang-ham |
| afetuoso (adj) | 자상한 | ja-sang-han |
| fidelidade (f) | 성실 | seong-sil |
| fiel (adj) | 성실한 | seong-sil-han |
| cuidado (m) | 배려 | bae-ryeo |
| carinhoso (adj) | 배려하는 | bae-ryeo-ha-neun |
| | | |
| recém-casados (pl) | 신혼 부부 | sin-hon bu-bu |
| lua (f) de mel | 허니문 | heo-ni-mun |
| casar-se (com um homem) | 결혼하다 | gyeol-hon-ha-da |
| casar-se (com uma mulher) | 결혼하다 | gyeol-hon-ha-da |
| | | |
| casamento (m) | 결혼식 | gyeol-hon-sik |
| aniversário (m) | 기념일 | gi-nyeom-il |
| | | |
| amante (m) | 애인 | ae-in |
| amante (f) | 정부 | jeong-bu |
| | | |
| adultério (m), traição (f) | 불륜 | bul-lyun |
| cometer adultério | 바람을 피우다 | ba-ra-meul pi-u-da |
| ciumento (adj) | 질투하는 | jil-tu-ha-neun |
| ser ciumento, -a | 질투하다 | jil-tu-ha-da |
| divórcio (m) | 이혼 | i-hon |
| divorciar-se (vr) | 이혼하다 | i-hon-ha-da |
| | | |
| brigar (discutir) | 다투다 | da-tu-da |
| fazer as pazes | 화해하다 | hwa-hae-ha-da |
| juntos (ir ~) | 같이 | ga-chi |
| sexo (m) | 섹스 | sek-seu |
| | | |
| felicidade (f) | 행복 | haeng-bok |
| feliz (adj) | 행복한 | haeng-bok-an |
| infelicidade (f) | 불행 | bul-haeng |
| infeliz (adj) | 불행한 | bul-haeng-han |

# Caráter. Sentimentos. Emoções

## 58. Sentimentos. Emoções

| | | |
|---|---|---|
| sentimento (m) | 감정 | gam-jeong |
| sentimentos (m pl) | 감정 | gam-jeong |
| sentir (vt) | 느끼다 | neu-kki-da |
| | | |
| fome (f) | 배고픔 | bae-go-peum |
| ter fome | 배가 고프다 | bae-ga go-peu-da |
| sede (f) | 목마름 | mong-ma-reum |
| ter sede | 목마르다 | mong-ma-reu-da |
| sonolência (f) | 졸음 | jo-reum |
| estar sonolento | 졸리다 | jol-li-da |
| | | |
| cansaço (m) | 피로 | pi-ro |
| cansado (adj) | 피곤한 | pi-gon-han |
| ficar cansado | 피곤하다 | pi-gon-ha-da |
| | | |
| humor (m) | 기분 | gi-bun |
| tédio (m) | 지루함 | ji-ru-ham |
| entediar-se (vr) | 심심하다 | sim-sim-ha-da |
| reclusão (isolamento) | 은둔 생활 | eun-dun saeng-hwal |
| isolar-se (vr) | 고적하게 살다 | go-jeok-a-ge sal-da |
| | | |
| preocupar (vt) | 걱정하게 만들다 | geok-jeong-ha-ge man-deul-da |
| estar preocupado | 걱정하다 | geok-jeong-ha-da |
| preocupação (f) | 걱정 | geok-jeong |
| ansiedade (f) | 심려 | sim-nyeo |
| preocupado (adj) | 사로잡힌 | sa-ro-ja-pin |
| estar nervoso | 긴장하다 | gin-jang-ha-da |
| entrar em pânico | 공황 상태에 빠지다 | gong-hwang sang-tae-e ppa-ji-da |
| | | |
| esperança (f) | 희망 | hui-mang |
| esperar (vt) | 희망하다 | hui-mang-ha-da |
| | | |
| certeza (f) | 확실 | hwak-sil |
| certo, seguro de ... | 확실한 | hwak-sil-han |
| indecisão (f) | 불확실성 | bul-hwak-sil-seong |
| indeciso (adj) | 불확실한 | bul-hwak-sil-han |
| | | |
| bêbado (adj) | 취한 | chwi-han |
| sóbrio (adj) | 술 취하지 않은 | sul chwi-ha-ji a-neun |
| fraco (adj) | 약한 | yak-an |
| feliz (adj) | 행복한 | haeng-bok-an |
| assustar (vt) | 겁주다 | geop-ju-da |
| fúria (f) | 격분 | gyeok-bun |
| ira, raiva (f) | 격노 | gyeong-no |

| depressão (f) | 우울함 | u-ul-ham |
| desconforto (m) | 불편함 | bul-pyeon-ham |
| conforto (m) | 안락 | al-lak |
| arrepender-se (vr) | 후회하다 | hu-hoe-ha-da |
| arrependimento (m) | 후회 | hu-hoe |
| azar (m), má sorte (f) | 불운 | bu-run |
| tristeza (f) | 슬픔 | seul-peum |
| vergonha (f) | 부끄러움 | bu-kkeu-reo-um |
| alegria (f) | 기쁨, 반가움 | gi-ppeum, ban-ga-um |
| entusiasmo (m) | 열광, 열성 | yeol-gwang, yeol-seong |
| entusiasta (m) | 열광자 | yeol-gwang-ja |
| mostrar entusiasmo | 열의를 보이다 | yeo-rui-reul bo-i-da |

## 59. Caráter. Personalidade

| caráter (m) | 성격 | seong-gyeok |
| falha (f) de caráter | 성격결함 | seong-gyeok-gyeol-ham |
| mente (f) | 마음 | ma-eum |
| razão (f) | 이성 | i-seong |
| consciência (f) | 양심 | yang-sim |
| hábito, costume (m) | 습관 | seup-gwan |
| habilidade (f) | 능력 | neung-nyeok |
| saber (~ nadar, etc.) | 할 수 있다 | hal su it-da |
| paciente (adj) | 참을성 있는 | cha-meul-seong in-neun |
| impaciente (adj) | 참을성 없는 | cha-meul-seong eom-neun |
| curioso (adj) | 호기심이 많은 | ho-gi-sim-i ma-neun |
| curiosidade (f) | 호기심 | ho-gi-sim |
| modéstia (f) | 겸손 | gyeom-son |
| modesto (adj) | 겸손한 | gyeom-son-han |
| imodesto (adj) | 자만하는 | ja-man-ha-neun |
| preguiçoso (adj) | 게으른 | ge-eu-reun |
| preguiçoso (m) | 게으름뱅이 | ge-eu-reum-baeng-i |
| astúcia (f) | 교활 | gyo-hwal |
| astuto (adj) | 교활한 | gyo-hwal-han |
| desconfiança (f) | 불신 | bul-sin |
| desconfiado (adj) | 불신하는 | bul-sin-ha-neun |
| generosidade (f) | 관대함 | gwan-dae-ham |
| generoso (adj) | 관대한 | gwan-dae-han |
| talentoso (adj) | 재능이 있는 | jae-neung-i in-neun |
| talento (m) | 재능 | jae-neung |
| corajoso (adj) | 용감한 | yong-gam-han |
| coragem (f) | 용기 | yong-gi |
| honesto (adj) | 정직한 | jeong-jik-an |
| honestidade (f) | 정직 | jeong-jik |
| prudente, cuidadoso (adj) | 주의깊은 | ju-ui-gi-peun |
| valoroso (adj) | 용감한 | yong-gam-han |

| | | |
|---|---|---|
| sério (adj) | 진지한 | jin-ji-han |
| severo (adj) | 엄한 | eom-han |
| | | |
| decidido (adj) | 과단성 있는 | gwa-dan-seong in-neun |
| indeciso (adj) | 과단성 없는 | gwa-dan-seong eom-neun |
| tímido (adj) | 소심한 | so-sim-han |
| timidez (f) | 소심 | so-sim |
| | | |
| confiança (f) | 신뢰 | sil-loe |
| confiar (vt) | 신뢰하다 | sil-loe-ha-da |
| crédulo (adj) | 잘 믿는 | jal min-neun |
| | | |
| sinceramente | 성실하게 | seong-sil-ha-ge |
| sincero (adj) | 성실한 | seong-sil-han |
| sinceridade (f) | 성실 | seong-sil |
| aberto (adj) | 열린 | yeol-lin |
| | | |
| calmo (adj) | 차분한 | cha-bun-han |
| franco (adj) | 솔직한 | sol-jik-an |
| ingênuo (adj) | 순진한 | sun-jin-han |
| distraído (adj) | 건망증이 심한 | geon-mang-jeung-i sim-han |
| engraçado (adj) | 웃긴 | ut-gin |
| | | |
| ganância (f) | 욕심 | yok-sim |
| ganancioso (adj) | 욕심 많은 | yok-sim ma-neun |
| avarento, sovina (adj) | 인색한 | in-saek-an |
| mal (adj) | 사악한 | sa-a-kan |
| teimoso (adj) | 고집이 센 | go-ji-bi sen |
| desagradável (adj) | 불쾌한 | bul-kwae-han |
| | | |
| egoísta (m) | 이기주의자 | i-gi-ju-ui-ja |
| egoísta (adj) | 이기적인 | i-gi-jeo-gin |
| covarde (m) | 비겁한 자, 겁쟁이 | bi-geo-pan ja, geop-jaeng-i |
| covarde (adj) | 비겁한 | bi-geo-pan |

## 60. O sono. Sonhos

| | | |
|---|---|---|
| dormir (vi) | 잠을 자다 | ja-meul ja-da |
| sono (m) | 잠 | jam |
| sonho (m) | 꿈 | kkum |
| sonhar (ver sonhos) | 꿈을 꾸다 | kku-meul kku-da |
| sonolento (adj) | 졸린 | jol-lin |
| | | |
| cama (f) | 침대 | chim-dae |
| colchão (m) | 매트리스 | mae-teu-ri-seu |
| cobertor (m) | 이불 | i-bul |
| travesseiro (m) | 베개 | be-gae |
| lençol (m) | 시트 | si-teu |
| | | |
| insônia (f) | 불면증 | bul-myeon-jeung |
| sem sono (adj) | 불면의 | bul-myeon-ui |
| sonífero (m) | 수면제 | su-myeon-je |
| tomar um sonífero | 수면제를 먹다 | su-myeon-je-reul meok-da |
| estar sonolento | 졸리다 | jol-li-da |

| bocejar (vi) | 하품하다 | ha-pum-ha-da |
| ir para a cama | 잠자리에 들다 | jam-ja-ri-e deul-da |
| fazer a cama | 침대를 정리하다 | chim-dae-reul jeong-ni-ha-da |
| adormecer (vi) | 잠들다 | jam-deul-da |

| pesadelo (m) | 악몽 | ang-mong |
| ronco (m) | 코골기 | ko-gol-gi |
| roncar (vi) | 코를 골다 | ko-reul gol-da |

| despertador (m) | 알람 시계 | al-lam si-gye |
| acordar, despertar (vt) | 깨우다 | kkae-u-da |
| acordar (vi) | 깨다 | kkae-da |
| levantar-se (vr) | 일어나다 | i-reo-na-da |
| lavar-se (vr) | 세수하다 | se-su-ha-da |

## 61. Humor. Riso. Alegria

| humor (m) | 유머 | yu-meo |
| senso (m) de humor | 유머 감각 | yu-meo gam-gak |
| divertir-se (vr) | 즐기다 | jeul-gi-da |
| alegre (adj) | 명랑한 | myeong-nang-han |
| diversão (f) | 즐거움 | jeul-geo-um |

| sorriso (m) | 미소 | mi-so |
| sorrir (vi) | 미소를 짓다 | mi-so-reul jit-da |
| começar a rir | 웃기 시작하다 | ut-gi si-jak-a-da |
| rir (vi) | 웃다 | ut-da |
| riso (m) | 웃음 | us-eum |

| anedota (f) | 일화 | il-hwa |
| engraçado (adj) | 웃긴 | ut-gin |
| ridículo, cômico (adj) | 웃긴 | ut-gin |

| brincar (vi) | 농담하다 | nong-dam-ha-da |
| piada (f) | 농담 | nong-dam |
| alegria (f) | 기쁜, 즐거움 | gi-ppeun, jeul-geo-um |
| regozijar-se (vr) | 기뻐하다 | gi-ppeo-ha-da |
| alegre (adj) | 기쁜 | gi-ppeun |

## 62. Discussão, conversação. Parte 1

| comunicação (f) | 의사소통 | ui-sa-so-tong |
| comunicar-se (vr) | 연락을 주고받다 | yeol-la-geul ju-go-bat-da |

| conversa (f) | 대화 | dae-hwa |
| diálogo (m) | 대화 | dae-hwa |
| discussão (f) | 논의 | non-ui |
| debate (m) | 언쟁 | eon-jaeng |
| debater (vt) | 언쟁하다 | eon-jaeng-ha-da |

| interlocutor (m) | 대화 상대 | dae-hwa sang-dae |
| tema (m) | 주제 | ju-je |

| ponto (m) de vista | 관점 | gwan-jeom |
| opinião (f) | 의견 | ui-gyeon |
| discurso (m) | 연설 | yeon-seol |

| discussão (f) | 의논 | ui-non |
| discutir (vt) | 의논하다 | ui-non-ha-da |
| conversa (f) | 대화 | dae-hwa |
| conversar (vi) | 대화하다 | i-ya-gi-ha-da |
| reunião (f) | 회의 | hoe-ui |
| encontrar-se (vr) | 만나다 | man-na-da |

| provérbio (m) | 속담 | sok-dam |
| ditado, provérbio (m) | 속담 | sok-dam |
| adivinha (f) | 수수께끼 | su-su-kke-kki |
| dizer uma adivinha | 수수께끼를 내다 | su-su-kke-kki-reul lae-da |
| senha (f) | 비밀번호 | bi-mil-beon-ho |
| segredo (m) | 비밀 | bi-mil |

| juramento (m) | 맹세 | maeng-se |
| jurar (vi) | 맹세하다 | maeng-se-ha-da |
| promessa (f) | 약속 | yak-sok |
| prometer (vt) | 약속하다 | yak-sok-a-da |

| conselho (m) | 조언 | jo-eon |
| aconselhar (vt) | 조언하다 | jo-eon-ha-da |
| escutar (~ os conselhos) | … 를 따르다 | … reul tta-reu-da |

| novidade, notícia (f) | 소식 | so-sik |
| sensação (f) | 센세이션 | sen-se-i-syeon |
| informação (f) | 정보 | jeong-bo |
| conclusão (f) | 결론 | gyeol-lon |
| voz (f) | 목소리 | mok-so-ri |
| elogio (m) | 칭찬 | ching-chan |
| amável, querido (adj) | 친절한 | chin-jeol-han |

| palavra (f) | 단어 | dan-eo |
| frase (f) | 어구 | eo-gu |
| resposta (f) | 대답 | dae-dap |

| verdade (f) | 진리 | jil-li |
| mentira (f) | 거짓말 | geo-jin-mal |

| pensamento (m) | 생각 | saeng-gak |
| ideia (f) | 관념 | gwan-nyeom |
| fantasia (f) | 판타지 | pan-ta-ji |

## 63. Discussão, conversação. Parte 2

| estimado, respeitado (adj) | 존경받는 | jon-gyeong-ban-neun |
| respeitar (vt) | 존경하다 | jon-gyeong-ha-da |
| respeito (m) | 존경 | jon-gyeong |
| Estimado …, Caro … | 친애하는 … | chin-ae-ha-neun … |
| apresentar | 소개하다 | so-gae-ha-da |
| (alguém a alguém) | | |

| | | |
|---|---|---|
| intenção (f) | 의도 | ui-do |
| tencionar (~ fazer algo) | 의도하다 | ui-do-ha-da |
| desejo (de boa sorte) | 바람 | ba-ram |
| desejar (ex. ~ boa sorte) | 바라다 | ba-ra-da |
| | | |
| surpresa (f) | 놀라움 | nol-la-um |
| surpreender (vt) | 놀라게 하다 | nol-la-ge ha-da |
| surpreender-se (vr) | 놀라다 | nol-la-da |
| | | |
| dar (vt) | 주다 | ju-da |
| pegar (tomar) | 잡다 | jap-da |
| devolver (vt) | 돌려주다 | dol-lyeo-ju-da |
| retornar (vt) | 돌려주다 | dol-lyeo-ju-da |
| | | |
| desculpar-se (vr) | 사과하다 | sa-gwa-ha-da |
| desculpa (f) | 사과 | sa-gwa |
| perdoar (vt) | 용서하다 | yong-seo-ha-da |
| | | |
| falar (vi) | 말하다 | mal-ha-da |
| escutar (vt) | 듣다 | deut-da |
| ouvir até o fim | 끝까지 듣다 | kkeut-kka-ji deut-da |
| entender (compreender) | 이해하다 | i-hae-ha-da |
| | | |
| mostrar (vt) | 보여주다 | bo-yeo-ju-da |
| olhar para ... | ... 를 보다 | ... reul bo-da |
| chamar (alguém para ...) | 부르다 | bu-reu-da |
| perturbar (vt) | 방해하다 | bang-hae-ha-da |
| entregar (~ em mãos) | 건네주다 | geon-ne-ju-da |
| | | |
| pedido (m) | 요청 | yo-cheong |
| pedir (ex. ~ ajuda) | 부탁하다 | bu-tak-a-da |
| exigência (f) | 요구 | yo-gu |
| exigir (vt) | 요구하다 | yo-gu-ha-da |
| | | |
| insultar (chamar nomes) | 놀리다 | nol-li-da |
| zombar (vt) | 조롱하다 | jo-rong-ha-da |
| zombaria (f) | 조롱, 조소 | jo-rong, jo-so |
| alcunha (f), apelido (m) | 별명 | byeol-myeong |
| | | |
| insinuação (f) | 암시 | am-si |
| insinuar (vt) | 암시하다 | am-si-ha-da |
| querer dizer | 의미하다 | ui-mi-ha-da |
| | | |
| descrição (f) | 서술 | seo-sul |
| descrever (vt) | 서술하다 | seo-sul-ha-da |
| elogio (m) | 칭찬 | ching-chan |
| elogiar (vt) | 칭찬하다 | ching-chan-ha-da |
| | | |
| desapontamento (m) | 실망 | sil-mang |
| desapontar (vt) | 실망시키다 | sil-mang-si-ki-da |
| desapontar-se (vr) | 실망하다 | sil-mang-ha-da |
| | | |
| suposição (f) | 추측 | chu-cheuk |
| supor (vt) | 추측하다 | chu-cheuk-a-da |
| advertência (f) | 경고 | gyeong-go |
| advertir (vt) | 경고하다 | gyeong-go-ha-da |

## 64. Discussão, conversação. Parte 3

| | | |
|---|---|---|
| convencer (vt) | 설득하다 | seol-deu-ka-da |
| acalmar (vt) | 진정시키다 | jin-jeong-si-ki-da |
| | | |
| silêncio (o ~ é de ouro) | 침묵 | chim-muk |
| ficar em silêncio | 침묵을 지키다 | chim-mu-geul ji-ki-da |
| sussurrar (vt) | 속삭이다 | sok-sa-gi-da |
| sussurro (m) | 속삭임 | sok-sa-gim |
| | | |
| francamente | 솔직하게 | sol-jik-a-ge |
| na minha opinião … | 내 생각에 … | nae saeng-ga-ge … |
| | | |
| detalhe (~ da história) | 세부 | se-bu |
| detalhado (adj) | 자세한 | ja-se-han |
| detalhadamente | 자세하게 | ja-se-ha-ge |
| | | |
| dica (f) | 단서 | dan-seo |
| dar uma dica | 힌트를 주다 | hin-teu-reul ju-da |
| | | |
| olhar (m) | 흘깃 봄 | heul-kkit bom |
| dar uma olhada | 보다 | bo-da |
| fixo (olhada ~a) | 고정된 | go-jeong-doen |
| piscar (vi) | 눈을 깜빡이다 | nu-neul kkam-ppa-gi-da |
| piscar (vt) | 눈짓하다 | nun-ji-ta-da |
| acenar com a cabeça | 끄덕이다 | kkeu-deo-gi-da |
| | | |
| suspiro (m) | 한숨 | han-sum |
| suspirar (vi) | 한숨을 쉬다 | han-su-meul swi-da |
| estremecer (vi) | 몸을 떨다 | mo-meul tteol-da |
| gesto (m) | 손짓 | son-jit |
| tocar (com as mãos) | 만지다 | man-ji-da |
| agarrar (~ pelo braço) | 잡다 | jap-da |
| bater de leve | 톡 치다 | tuk chi-da |
| | | |
| Cuidado! | 조심! | jo-sim! |
| Sério? | 정말? | jeong-mal? |
| Tem certeza? | 확실해요? | hwak-sil-hae-yo? |
| Boa sorte! | 행운을 빕니다! | haeng-u-neul bim-ni-da! |
| Entendi! | 알겠어요! | al-ge-seo-yo! |
| Que pena! | 유감이에요! | yu-ga-mi-e-yo! |

## 65. Acordo. Recusa

| | | |
|---|---|---|
| consentimento (~ mútuo) | 동의 | dong-ui |
| consentir (vi) | 동의하다 | dong-ui-ha-da |
| aprovação (f) | 찬성 | chan-seong |
| aprovar (vt) | 찬성하다 | chan-seong-ha-da |
| recusa (f) | 거절 | geo-jeol |
| negar-se a … | 거절하다 | geo-jeol-ha-da |
| | | |
| Ótimo! | 좋아요! | jo-a-yo! |
| Tudo bem! | 좋아요! | jo-a-yo! |

| Está bem! De acordo! | 그래요! | geu-rae-yo! |
| proibido (adj) | 금지된 | geum-ji-doen |
| é proibido | 금지되어 있다 | geum-ji-doe-eo it-da |
| é impossível | 불가능하다 | bul-ga-neung-ha-da |
| incorreto (adj) | 틀린 | teul-lin |

| rejeitar (~ um pedido) | 거부하다 | geo-bu-ha-da |
| apoiar (vt) | 지지하다 | ji-ji-ha-da |
| aceitar (desculpas, etc.) | 받아들이다 | ba-da-deu-ri-da |

| confirmar (vt) | 확인해 주다 | hwa-gin-hae ju-da |
| confirmação (f) | 확인 | hwa-gin |
| permissão (f) | 허락 | heo-rak |
| permitir (vt) | 허가하다 | heo-ga-ha-da |
| decisão (f) | 결정 | gyeol-jeong |
| não dizer nada | 아무 말도 않다 | a-mu mal-do an-ta |

| condição (com uma ~) | 조건 | jo-geon |
| pretexto (m) | 핑계 | ping-gye |
| elogio (m) | 칭찬 | ching-chan |
| elogiar (vt) | 칭찬하다 | ching-chan-ha-da |

## 66. Sucesso. Boa sorte. Insucesso

| êxito, sucesso (m) | 성공 | seong-gong |
| com êxito | 성공적으로 | seong-gong-jeo-geu-ro |
| bem sucedido (adj) | 성공적인 | seong-gong-jeo-gin |

| sorte (fortuna) | 운 | un |
| Boa sorte! | 행운을 빕니다! | haeng-u-neul bim-ni-da! |
| de sorte | 운이 좋은 | un-i jo-eun |
| sortudo, felizardo (adj) | 운이 좋은 | un-i jo-eun |
| fracasso (m) | 실패 | sil-pae |
| pouca sorte (f) | 불운 | bu-run |
| azar (m), má sorte (f) | 불운 | bu-run |
| mal sucedido (adj) | 성공적이지 못한 | seong-gong-jeo-gi-ji mo-tan |
| catástrofe (f) | 재난 | jae-nan |

| orgulho (m) | 자존심 | ja-jon-sim |
| orgulhoso (adj) | 자존심 강한 | ja-jon-sim gang-han |
| estar orgulhoso, -a | 득의만면이다 | deu-gui-man-myeon-i-da |
| vencedor (m) | 승리자 | seung-ni-ja |
| vencer (vi, vt) | 이기다 | i-gi-da |
| perder (vt) | 지다 | ji-da |
| tentativa (f) | 사실, 시도 | sa-sil, si-do |
| tentar (vt) | 해보다 | hae-bo-da |
| chance (m) | 기회 | gi-hoe |

## 67. Conflitos. Emoções negativas

| grito (m) | 고함 | go-ham |
| gritar (vi) | 소리치다 | so-ri-chi-da |

| | | |
|---|---|---|
| discussão (f) | 싸움 | ssa-um |
| brigar (discutir) | 다투다 | da-tu-da |
| escândalo (m) | 싸움 | ssa-um |
| criar escândalo | 싸움을 하다 | ssa-u-meul ha-da |
| conflito (m) | 갈등 | gal-deung |
| mal-entendido (m) | 오해 | o-hae |
| | | |
| insulto (m) | 모욕 | mo-yok |
| insultar (vt) | 모욕하다 | mo-yok-a-da |
| insultado (adj) | 모욕 당한 | mo-yok dang-han |
| ofensa (f) | 분노 | bun-no |
| ofender (vt) | 모욕하다 | mo-yok-a-da |
| ofender-se (vr) | 약오르다 | ya-go-reu-da |
| | | |
| indignação (f) | 분개 | bun-gae |
| indignar-se (vr) | 분개하다 | bun-gae-ha-da |
| queixa (f) | 불평 | bul-pyeong |
| queixar-se (vr) | 불평하다 | bul-pyeong-ha-da |
| | | |
| desculpa (f) | 사과 | sa-gwa |
| desculpar-se (vr) | 사과하다 | sa-gwa-ha-da |
| pedir perdão | 용서를 빌다 | yong-seo-reul bil-da |
| | | |
| crítica (f) | 비판 | bi-pan |
| criticar (vt) | 비판하다 | bi-pan-ha-da |
| acusação (f) | 비난 | bi-nan |
| acusar (vt) | 비난하다 | bi-nan-ha-da |
| | | |
| vingança (f) | 복수 | bok-su |
| vingar (vt) | 복수하다 | bok-su-ha-da |
| vingar-se de | 갚아주다 | ga-pa-ju-da |
| | | |
| desprezo (m) | 경멸 | gyeong-myeol |
| desprezar (vt) | 경멸하다 | gyeong-myeol-ha-da |
| ódio (m) | 증오 | jeung-o |
| odiar (vt) | 증오하다 | jeung-o-ha-da |
| | | |
| nervoso (adj) | 긴장한 | gin-jang-han |
| estar nervoso | 긴장하다 | gin-jang-ha-da |
| zangado (adj) | 화가 난 | hwa-ga nan |
| zangar (vt) | 화나게 하다 | hwa-na-ge ha-da |
| | | |
| humilhação (f) | 굴욕 | gu-ryok |
| humilhar (vt) | 굴욕감을 주다 | gu-ryok-ga-meul ju-da |
| humilhar-se (vr) | 창피를 당하다 | chang-pi-reul dang-ha-da |
| | | |
| choque (m) | 충격 | chung-gyeok |
| chocar (vt) | 충격을 주다 | chung-gyeo-geul ju-da |
| | | |
| aborrecimento (m) | 문제 | mun-je |
| desagradável (adj) | 불쾌한 | bul-kwae-han |
| | | |
| medo (m) | 두려움 | du-ryeo-um |
| terrível (tempestade, etc.) | 끔찍한 | kkeum-jjik-an |
| assustador (ex. história ~a) | 무서운 | mu-seo-un |
| horror (m) | 공포 | gong-po |

| | | |
|---|---|---|
| horrível (crime, etc.) | 지독한 | ji-dok-an |
| chorar (vi) | 울다 | ul-da |
| começar a chorar | 울기 시작하다 | ul-gi si-jak-a-da |
| lágrima (f) | 눈물 | nun-mul |
| | | |
| falta (f) | 잘못 | jal-mot |
| culpa (f) | 죄책감 | joe-chaek-gam |
| desonra (f) | 불명예 | bul-myeong-ye |
| protesto (m) | 항의 | hang-ui |
| estresse (m) | 스트레스 | seu-teu-re-seu |
| | | |
| perturbar (vt) | 방해하다 | bang-hae-ha-da |
| zangar-se com ... | 화내다 | hwa-nae-da |
| zangado (irritado) | 화가 난 | hwa-ga nan |
| terminar (vt) | 끝내다 | kkeun-nae-da |
| praguejar | 욕하다 | yok-a-da |
| | | |
| assustar-se | 무서워하다 | mu-seo-wo-ha-da |
| golpear (vt) | 치다 | chi-da |
| brigar (na rua, etc.) | 싸우다 | ssa-u-da |
| | | |
| resolver (o conflito) | 해결하다 | hae-gyeol-ha-da |
| descontente (adj) | 불만족한 | bul-kwae-han |
| furioso (adj) | 맹렬한 | maeng-nyeol-han |
| | | |
| Não está bem! | 그건 좋지 않아요! | geu-geon jo-chi a-na-yo! |
| É ruim! | 그건 나빠요! | geu-geon na-ppa-yo! |

# Medicina

## 68. Doenças

| | | |
|---|---|---|
| doença (f) | 병 | byeong |
| estar doente | 눕다 | nup-da |
| saúde (f) | 건강 | geon-gang |
| | | |
| nariz (m) escorrendo | 비염 | bi-yeom |
| amigdalite (f) | 편도염 | pyeon-do-yeom |
| resfriado (m) | 감기 | gam-gi |
| ficar resfriado | 감기에 걸리다 | gam-gi-e geol-li-da |
| | | |
| bronquite (f) | 기관지염 | gi-gwan-ji-yeom |
| pneumonia (f) | 폐렴 | pye-ryeom |
| gripe (f) | 독감 | dok-gam |
| | | |
| míope (adj) | 근시의 | geun-si-ui |
| presbita (adj) | 원시의 | won-si-ui |
| estrabismo (m) | 사시 | sa-si |
| estrábico, vesgo (adj) | 사시인 | sa-si-in |
| catarata (f) | 백내장 | baeng-nae-jang |
| glaucoma (m) | 녹내장 | nong-nae-jang |
| | | |
| AVC (m), apoplexia (f) | 뇌졸중 | noe-jol-jung |
| ataque (m) cardíaco | 심장마비 | sim-jang-ma-bi |
| enfarte (m) do miocárdio | 심근경색증 | sim-geun-gyeong-saek-jeung |
| paralisia (f) | 마비 | ma-bi |
| paralisar (vt) | 마비되다 | ma-bi-doe-da |
| | | |
| alergia (f) | 알레르기 | al-le-reu-gi |
| asma (f) | 천식 | cheon-sik |
| diabetes (f) | 당뇨병 | dang-nyo-byeong |
| | | |
| dor (f) de dente | 치통, 이앓이 | chi-tong, i-a-ri |
| cárie (f) | 충치 | chung-chi |
| | | |
| diarreia (f) | 설사 | seol-sa |
| prisão (f) de ventre | 변비증 | byeon-bi-jung |
| desarranjo (m) intestinal | 배탈 | bae-tal |
| intoxicação (f) alimentar | 식중독 | sik-jung-dok |
| intoxicar-se | 식중독에 걸리다 | sik-jung-do-ge geol-li-da |
| | | |
| artrite (f) | 관절염 | gwan-jeo-ryeom |
| raquitismo (m) | 구루병 | gu-ru-byeong |
| reumatismo (m) | 류머티즘 | ryu-meo-ti-jeum |
| | | |
| gastrite (f) | 위염 | wi-yeom |
| apendicite (f) | 맹장염 | maeng-jang-yeom |
| colecistite (f) | 담낭염 | dam-nang-yeom |

| | | |
|---|---|---|
| úlcera (f) | 궤양 | gwe-yang |
| sarampo (m) | 홍역 | hong-yeok |
| rubéola (f) | 풍진 | pung-jin |
| icterícia (f) | 황달 | hwang-dal |
| hepatite (f) | 간염 | gan-nyeom |
| | | |
| esquizofrenia (f) | 정신 분열증 | jeong-sin bu-nyeol-jeung |
| raiva (f) | 광견병 | gwang-gyeon-byeong |
| neurose (f) | 신경증 | sin-gyeong-jeung |
| contusão (f) cerebral | 뇌진탕 | noe-jin-tang |
| | | |
| câncer (m) | 암 | am |
| esclerose (f) | 경화증 | gyeong-hwa-jeung |
| esclerose (f) múltipla | 다발성 경화증 | da-bal-seong gyeong-hwa-jeung |
| | | |
| alcoolismo (m) | 알코올 중독 | al-ko-ol jung-dok |
| alcoólico (m) | 알코올 중독자 | al-ko-ol jung-dok-ja |
| sífilis (f) | 매독 | mae-dok |
| AIDS (f) | 에이즈 | e-i-jeu |
| | | |
| tumor (m) | 종양 | jong-yang |
| maligno (adj) | 악성의 | ak-seong-ui |
| benigno (adj) | 양성의 | yang-seong-ui |
| | | |
| febre (f) | 열병 | yeol-byeong |
| malária (f) | 말라리아 | mal-la-ri-a |
| gangrena (f) | 괴저 | goe-jeo |
| enjoo (m) | 뱃멀미 | baen-meol-mi |
| epilepsia (f) | 간질 | gan-jil |
| | | |
| epidemia (f) | 유행병 | yu-haeng-byeong |
| tifo (m) | 발진티푸스 | bal-jin-ti-pu-seu |
| tuberculose (f) | 결핵 | gyeol-haek |
| cólera (f) | 콜레라 | kol-le-ra |
| peste (f) bubônica | 페스트 | pe-seu-teu |

## 69. Sintomas. Tratamentos. Parte 1

| | | |
|---|---|---|
| sintoma (m) | 증상 | jeung-sang |
| temperatura (f) | 체온 | che-on |
| febre (f) | 열 | yeol |
| pulso (m) | 맥박 | maek-bak |
| | | |
| vertigem (f) | 현기증 | hyeon-gi-jeung |
| quente (testa, etc.) | 뜨거운 | tteu-geo-un |
| calafrio (m) | 전율 | jeo-nyul |
| pálido (adj) | 창백한 | chang-baek-an |
| | | |
| tosse (f) | 기침 | gi-chim |
| tossir (vi) | 기침을 하다 | gi-chi-meul ha-da |
| espirrar (vi) | 재채기하다 | jae-chae-gi-ha-da |
| desmaio (m) | 실신 | sil-sin |
| desmaiar (vi) | 실신하다 | sil-sin-ha-da |

| | | |
|---|---|---|
| mancha (f) preta | 멍 | meong |
| galo (m) | 혹 | hok |
| machucar-se (vr) | 부딪치다 | bu-dit-chi-da |
| contusão (f) | 타박상 | ta-bak-sang |
| machucar-se (vr) | 타박상을 입다 | ta-bak-sang-eul rip-da |
| | | |
| mancar (vi) | 절다 | jeol-da |
| deslocamento (f) | 탈구 | tal-gu |
| deslocar (vt) | 탈구하다 | tal-gu-ha-da |
| fratura (f) | 골절 | gol-jeol |
| fraturar (vt) | 골절하다 | gol-jeol-ha-da |
| | | |
| corte (m) | 베인 | be-in |
| cortar-se (vr) | 베다 | jeol-chang-eul rip-da |
| hemorragia (f) | 출혈 | chul-hyeol |
| | | |
| queimadura (f) | 화상 | hwa-sang |
| queimar-se (vr) | 데다 | de-da |
| | | |
| picar (vt) | 찌르다 | jji-reu-da |
| picar-se (vr) | 절리다 | jjil-li-da |
| lesionar (vt) | 다치다 | da-chi-da |
| lesão (m) | 부상 | bu-sang |
| ferida (f), ferimento (m) | 부상 | bu-sang |
| trauma (m) | 정신적 외상 | jeong-sin-jeok goe-sang |
| | | |
| delirar (vi) | 망상을 겨다 | mang-sang-eul gyeok-da |
| gaguejar (vi) | 말을 더듬다 | ma-reul deo-deum-da |
| insolação (f) | 일사병 | il-sa-byeong |

## 70. Sintomas. Tratamentos. Parte 2

| | | |
|---|---|---|
| dor (f) | 통증 | tong-jeung |
| farpa (no dedo, etc.) | 가시 | ga-si |
| | | |
| suor (m) | 땀 | ttam |
| suar (vi) | 땀이 나다 | ttam-i na-da |
| vômito (m) | 구토 | gu-to |
| convulsões (f pl) | 경련 | gyeong-nyeon |
| | | |
| grávida (adj) | 임신한 | im-sin-han |
| nascer (vi) | 태어나다 | tae-eo-na-da |
| parto (m) | 출산 | chul-san |
| dar à luz | 낳다 | na-ta |
| aborto (m) | 낙태 | nak-tae |
| | | |
| respiração (f) | 호흡 | ho-heup |
| inspiração (f) | 들숨 | deul-sum |
| expiração (f) | 날숨 | nal-sum |
| expirar (vi) | 내쉬다 | nae-swi-da |
| inspirar (vi) | 들이쉬다 | deu-ri-swi-da |
| | | |
| inválido (m) | 장애인 | jang-ae-in |
| aleijado (m) | 병신 | byeong-sin |

| | | |
|---|---|---|
| drogado (m) | 마약 중독자 | ma-yak jung-dok-ja |
| surdo (adj) | 귀가 먼 | gwi-ga meon |
| mudo (adj) | 벙어리인 | beong-eo-ri-in |
| surdo-mudo (adj) | 농아인 | nong-a-in |
| | | |
| louco, insano (adj) | 미친 | mi-chin |
| louco (m) | 광인 | gwang-in |
| louca (f) | 광인 | gwang-in |
| ficar louco | 미치다 | mi-chi-da |
| | | |
| gene (m) | 유전자 | yu-jeon-ja |
| imunidade (f) | 면역성 | myeo-nyeok-seong |
| hereditário (adj) | 유전의 | yu-jeon-ui |
| congênito (adj) | 선천적인 | seon-cheon-jeo-gin |
| | | |
| vírus (m) | 바이러스 | ba-i-reo-seu |
| micróbio (m) | 미생물 | mi-saeng-mul |
| bactéria (f) | 세균 | se-gyun |
| infecção (f) | 감염 | gam-nyeom |

## 71. Sintomas. Tratamentos. Parte 3

| | | |
|---|---|---|
| hospital (m) | 병원 | byeong-won |
| paciente (m) | 환자 | hwan-ja |
| | | |
| diagnóstico (m) | 진단 | jin-dan |
| cura (f) | 치료 | chi-ryo |
| curar-se (vr) | 치료를 받다 | chi-ryo-reul bat-da |
| tratar (vt) | 치료하다 | chi-ryo-ha-da |
| cuidar (pessoa) | 간호하다 | gan-ho-ha-da |
| cuidado (m) | 간호 | gan-ho |
| | | |
| operação (f) | 수술 | su-sul |
| enfaixar (vt) | 붕대를 감다 | bung-dae-reul gam-da |
| enfaixamento (m) | 붕대 | bung-dae |
| | | |
| vacinação (f) | 예방주사 | ye-bang-ju-sa |
| vacinar (vt) | 접종하다 | jeop-jong-ha-da |
| injeção (f) | 주사 | ju-sa |
| dar uma injeção | 주사하다 | ju-sa-ha-da |
| | | |
| amputação (f) | 절단 | jeol-dan |
| amputar (vt) | 절단하다 | jeol-dan-ha-da |
| coma (f) | 혼수 상태 | hon-su sang-tae |
| estar em coma | 혼수 상태에 있다 | hon-su sang-tae-e it-da |
| reanimação (f) | 집중 치료 | jip-jung chi-ryo |
| | | |
| recuperar-se (vr) | 회복하다 | hoe-bok-a-da |
| estado (~ de saúde) | 상태 | sang-tae |
| consciência (perder a ~) | 의식 | ui-sik |
| memória (f) | 기억 | gi-eok |
| | | |
| tirar (vt) | 빼다 | ppae-da |
| obturação (f) | 충전물 | chung-jeon-mul |

| | | |
|---|---|---|
| obturar (vt) | 때우다 | ttae-u-da |
| hipnose (f) | 최면 | choe-myeon |
| hipnotizar (vt) | 최면을 걸다 | choe-myeo-neul geol-da |

## 72. Médicos

| | | |
|---|---|---|
| médico (m) | 의사 | ui-sa |
| enfermeira (f) | 간호사 | gan-ho-sa |
| médico (m) pessoal | 개인 의사 | gae-in ui-sa |
| dentista (m) | 치과 의사 | chi-gwa ui-sa |
| oculista (m) | 안과 의사 | an-gwa ui-sa |
| terapeuta (m) | 내과 의사 | nae-gwa ui-sa |
| cirurgião (m) | 외과 의사 | oe-gwa ui-sa |
| psiquiatra (m) | 정신과 의사 | jeong-sin-gwa ui-sa |
| pediatra (m) | 소아과 의사 | so-a-gwa ui-sa |
| psicólogo (m) | 심리학자 | sim-ni-hak-ja |
| ginecologista (m) | 부인과 의사 | bu-in-gwa ui-sa |
| cardiologista (m) | 심장병 전문의 | sim-jang-byeong jeon-mun-ui |

## 73. Medicina. Drogas. Acessórios

| | | |
|---|---|---|
| medicamento (m) | 약 | yak |
| remédio (m) | 약제 | yak-je |
| receita (f) | 처방 | cheo-bang |
| comprimido (m) | 정제 | jeong-je |
| unguento (m) | 연고 | yeon-go |
| ampola (f) | 앰풀 | aem-pul |
| solução, preparado (m) | 혼합물 | hon-ham-mul |
| xarope (m) | 물약 | mul-lyak |
| cápsula (f) | 알약 | a-ryak |
| pó (m) | 가루약 | ga-ru-yak |
| atadura (f) | 거즈 붕대 | geo-jeu bung-dae |
| algodão (m) | 솜 | som |
| iodo (m) | 요오드 | yo-o-deu |
| curativo (m) adesivo | 반창고 | ban-chang-go |
| conta-gotas (m) | 점안기 | jeom-an-gi |
| termômetro (m) | 체온계 | che-on-gye |
| seringa (f) | 주사기 | ju-sa-gi |
| cadeira (f) de rodas | 휠체어 | hwil-che-eo |
| muletas (f pl) | 목발 | mok-bal |
| analgésico (m) | 진통제 | jin-tong-je |
| laxante (m) | 완하제 | wan-ha-je |
| álcool (m) | 알코올 | al-ko-ol |
| ervas (f pl) medicinais | 약초 | yak-cho |
| de ervas (chá ~) | 약초의 | yak-cho-ui |

## 74. Fumar. Produtos tabágicos

| | | |
|---|---|---|
| tabaco (m) | 담배 | dam-bae |
| cigarro (m) | 담배 | dam-bae |
| charuto (m) | 시가 | si-ga |
| cachimbo (m) | 담뱃대 | dam-baet-dae |
| maço (~ de cigarros) | 갑 | gap |
| | | |
| fósforos (m pl) | 성냥 | seong-nyang |
| caixa (f) de fósforos | 성냥 갑 | seong-nyang gap |
| isqueiro (m) | 라이터 | ra-i-teo |
| cinzeiro (m) | 재떨이 | jae-tteo-ri |
| cigarreira (f) | 담배 케이스 | dam-bae ke-i-seu |
| | | |
| piteira (f) | 물부리 | mul-bu-ri |
| filtro (m) | 필터 | pil-teo |
| | | |
| fumar (vi, vt) | 피우다 | pi-u-da |
| acender um cigarro | 담배에 불을 붙이다 | dam-bae-e bu-reul bu-chi-da |
| tabagismo (m) | 흡연 | heu-byeon |
| fumante (m) | 흡연자 | heu-byeon-ja |
| | | |
| bituca (f) | 꽁초 | kkong-cho |
| fumaça (f) | 연기 | yeon-gi |
| cinza (f) | 재 | jae |

# HABITAT HUMANO

## Cidade

### 75. Cidade. Vida na cidade

| | | |
|---|---|---|
| cidade (f) | 도시 | do-si |
| capital (f) | 수도 | su-do |
| aldeia (f) | 마을 | ma-eul |
| | | |
| mapa (m) da cidade | 도시 지도 | do-si ji-do |
| centro (m) da cidade | 시내 | si-nae |
| subúrbio (m) | 근교 | geun-gyo |
| suburbano (adj) | 근교의 | geun-gyo-ui |
| | | |
| arredores (m pl) | 주변 | ju-byeon |
| quarteirão (m) | 한 구획 | han gu-hoek |
| quarteirão (m) residencial | 동 | dong |
| | | |
| tráfego (m) | 교통 | gyo-tong |
| semáforo (m) | 신호등 | sin-ho-deung |
| transporte (m) público | 대중교통 | dae-jung-gyo-tong |
| cruzamento (m) | 교차로 | gyo-cha-ro |
| | | |
| faixa (f) | 횡단 보도 | hoeng-dan bo-do |
| túnel (m) subterrâneo | 지하 보도 | ji-ha bo-do |
| cruzar, atravessar (vt) | 건너가다 | geon-neo-ga-da |
| pedestre (m) | 보행자 | bo-haeng-ja |
| calçada (f) | 인도 | in-do |
| | | |
| ponte (f) | 다리 | da-ri |
| margem (f) do rio | 강변로 | gang-byeon-no |
| | | |
| alameda (f) | 길 | gil |
| parque (m) | 공원 | gong-won |
| bulevar (m) | 대로 | dae-ro |
| praça (f) | 광장 | gwang-jang |
| avenida (f) | 가로 | ga-ro |
| rua (f) | 거리 | geo-ri |
| travessa (f) | 골목 | gol-mok |
| beco (m) sem saída | 막다른길 | mak-da-reun-gil |
| | | |
| casa (f) | 집 | jip |
| edifício, prédio (m) | 빌딩 | bil-ding |
| arranha-céu (m) | 고층 건물 | go-cheung geon-mul |
| | | |
| fachada (f) | 전면 | jeon-myeon |
| telhado (m) | 지붕 | ji-bung |
| janela (f) | 창문 | chang-mun |

| arco (m) | 아치 | a-chi |
| coluna (f) | 기둥 | gi-dung |
| esquina (f) | 모퉁이 | mo-tung-i |

| vitrine (f) | 쇼윈도우 | syo-win-do-u |
| letreiro (m) | 간판 | gan-pan |
| cartaz (do filme, etc.) | 포스터 | po-seu-teo |
| cartaz (m) publicitário | 광고 포스터 | gwang-go po-seu-teo |
| painel (m) publicitário | 광고판 | gwang-go-pan |

| lixo (m) | 쓰레기 | sseu-re-gi |
| lata (f) de lixo | 쓰레기통 | sseu-re-gi-tong |
| aterro (m) sanitário | 쓰레기장 | sseu-re-gi-jang |

| orelhão (m) | 공중 전화 | gong-jung jeon-hwa |
| poste (m) de luz | 가로등 | ga-ro-deung |
| banco (m) | 벤치 | ben-chi |

| polícia (m) | 경찰관 | gyeong-chal-gwan |
| polícia (instituição) | 경찰 | gyeong-chal |
| mendigo, pedinte (m) | 거지 | geo-ji |
| desabrigado (m) | 노숙자 | no-suk-ja |

## 76. Instituições urbanas

| loja (f) | 가게, 상점 | ga-ge, sang-jeom |
| drogaria (f) | 약국 | yak-guk |
| ótica (f) | 안경 가게 | an-gyeong ga-ge |
| centro (m) comercial | 쇼핑몰 | syo-ping-mol |
| supermercado (m) | 슈퍼마켓 | syu-peo-ma-ket |

| padaria (f) | 빵집 | ppang-jip |
| padeiro (m) | 제빵사 | je-ppang-sa |
| pastelaria (f) | 제과점 | je-gwa-jeom |
| mercearia (f) | 식료품점 | sing-nyo-pum-jeom |
| açougue (m) | 정육점 | jeong-yuk-jeom |

| fruteira (f) | 야채 가게 | ya-chae ga-ge |
| mercado (m) | 시장 | si-jang |

| cafeteria (f) | 커피숍 | keo-pi-syop |
| restaurante (m) | 레스토랑 | re-seu-to-rang |
| bar (m) | 바 | ba |
| pizzaria (f) | 피자 가게 | pi-ja ga-ge |

| salão (m) de cabeleireiro | 미장원 | mi-jang-won |
| agência (f) dos correios | 우체국 | u-che-guk |
| lavanderia (f) | 드라이 클리닝 | deu-ra-i keul-li-ning |
| estúdio (m) fotográfico | 사진관 | sa-jin-gwan |

| sapataria (f) | 신발 가게 | sin-bal ga-ge |
| livraria (f) | 서점 | seo-jeom |
| loja (f) de artigos esportivos | 스포츠용품 매장 | seu-po-cheu-yong-pum mae-jang |

| costureira (m) | 옷 수선 가게 | ot su-seon ga-ge |
| aluguel (m) de roupa | 의류 임대 | ui-ryu im-dae |
| videolocadora (f) | 비디오 대여 | bi-di-o dae-yeo |

| circo (m) | 서커스 | seo-keo-seu |
| jardim (m) zoológico | 동물원 | dong-mu-rwon |
| cinema (m) | 영화관 | yeong-hwa-gwan |
| museu (m) | 박물관 | bang-mul-gwan |
| biblioteca (f) | 도서관 | do-seo-gwan |

| teatro (m) | 극장 | geuk-jang |
| ópera (f) | 오페라극장 | o-pe-ra-geuk-jang |
| boate (casa noturna) | 나이트 클럽 | na-i-teu keul-leop |
| cassino (m) | 카지노 | ka-ji-no |

| mesquita (f) | 모스크 | mo-seu-keu |
| sinagoga (f) | 유대교 회당 | yu-dae-gyo hoe-dang |
| catedral (f) | 대성당 | dae-seong-dang |
| templo (m) | 사원, 신전 | sa-won, sin-jeon |
| igreja (f) | 교회 | gyo-hoe |

| faculdade (f) | 단과대학 | dan-gwa-dae-hak |
| universidade (f) | 대학교 | dae-hak-gyo |
| escola (f) | 학교 | hak-gyo |

| prefeitura (f) | 도, 현 | do, hyeon |
| câmara (f) municipal | 시청 | si-cheong |
| hotel (m) | 호텔 | ho-tel |
| banco (m) | 은행 | eun-haeng |

| embaixada (f) | 대사관 | dae-sa-gwan |
| agência (f) de viagens | 여행사 | yeo-haeng-sa |
| agência (f) de informações | 안내소 | an-nae-so |
| casa (f) de câmbio | 환전소 | hwan-jeon-so |

| metrô (m) | 지하철 | ji-ha-cheol |
| hospital (m) | 병원 | byeong-won |

| posto (m) de gasolina | 주유소 | ju-yu-so |
| parque (m) de estacionamento | 주차장 | ju-cha-jang |

## 77. Transportes urbanos

| ônibus (m) | 버스 | beo-seu |
| bonde (m) elétrico | 전차 | jeon-cha |
| trólebus (m) | 트롤리 버스 | teu-rol-li beo-seu |
| rota (f), itinerário (m) | 노선 | no-seon |
| número (m) | 번호 | beon-ho |

| ir de ... (carro, etc.) | ⋯ 타고 가다 | ... ta-go ga-da |
| entrar no ... | 타다 | ta-da |
| descer do ... | ⋯ 에서 내리다 | ... e-seo nae-ri-da |
| parada (f) | 정류장 | jeong-nyu-jang |
| próxima parada (f) | 다음 정류장 | da-eum jeong-nyu-jang |

| | | |
|---|---|---|
| terminal (m) | 종점 | jong-jeom |
| horário (m) | 시간표 | si-gan-pyo |
| esperar (vt) | 기다리다 | gi-da-ri-da |
| | | |
| passagem (f) | 표 | pyo |
| tarifa (f) | 요금 | yo-geum |
| | | |
| bilheteiro (m) | 계산원 | gye-san-won |
| controle (m) de passagens | 검표 | geom-pyo |
| revisor (m) | 검표원 | geom-pyo-won |
| | | |
| atrasar-se (vr) | ⋯ 시간에 늦다 | ... si-gan-e neut-da |
| perder (o autocarro, etc.) | 놓치다 | no-chi-da |
| estar com pressa | 서두르다 | seo-du-reu-da |
| | | |
| táxi (m) | 택시 | taek-si |
| taxista (m) | 택시 운전 기사 | taek-si un-jeon gi-sa |
| de táxi (ir ~) | 택시로 | taek-si-ro |
| ponto (m) de táxis | 택시 정류장 | taek-si jeong-nyu-jang |
| chamar um táxi | 택시를 부르다 | taek-si-reul bu-reu-da |
| pegar um táxi | 택시를 타다 | taek-si-reul ta-da |
| | | |
| tráfego (m) | 교통 | gyo-tong |
| engarrafamento (m) | 교통 체증 | gyo-tong che-jeung |
| horas (f pl) de pico | 러시 아워 | reo-si a-wo |
| estacionar (vi) | 주차하다 | ju-cha-ha-da |
| estacionar (vt) | 주차하다 | ju-cha-ha-da |
| parque (m) de estacionamento | 주차장 | ju-cha-jang |
| | | |
| metrô (m) | 지하철 | ji-ha-cheol |
| estação (f) | 역 | yeok |
| ir de metrô | 지하철을 타다 | ji-ha-cheo-reul ta-da |
| trem (m) | 기차 | gi-cha |
| estação (f) de trem | 기차역 | gi-cha-yeok |

## 78. Turismo

| | | |
|---|---|---|
| monumento (m) | 기념비 | gi-nyeom-bi |
| fortaleza (f) | 요새 | yo-sae |
| palácio (m) | 궁전 | gung-jeon |
| castelo (m) | 성 | seong |
| torre (f) | 탑 | tap |
| mausoléu (m) | 영묘 | yeong-myo |
| | | |
| arquitetura (f) | 건축 | geon-chuk |
| medieval (adj) | 중세의 | jung-se-ui |
| antigo (adj) | 고대의 | go-dae-ui |
| nacional (adj) | 국가의 | guk-ga-ui |
| famoso, conhecido (adj) | 유명한 | yu-myeong-han |
| | | |
| turista (m) | 관광객 | gwan-gwang-gaek |
| guia (pessoa) | 가이드 | ga-i-deu |
| excursão (f) | 견학, 관광 | gyeon-hak, gwan-gwang |
| mostrar (vt) | 보여주다 | bo-yeo-ju-da |

| | | |
|---|---|---|
| contar (vt) | 이야기하다 | i-ya-gi-ha-da |
| encontrar (vt) | 찾다 | chat-da |
| perder-se (vr) | 길을 잃다 | gi-reul ril-ta |
| mapa (~ do metrô) | 노선도 | no-seon-do |
| mapa (~ da cidade) | 지도 | ji-do |
| | | |
| lembrança (f), presente (m) | 기념품 | gi-nyeom-pum |
| loja (f) de presentes | 기념품 가게 | gi-nyeom-pum ga-ge |
| tirar fotos, fotografar | 사진을 찍다 | sa-ji-neul jjik-da |
| fotografar-se (vr) | 사진을 찍다 | sa-ji-neul jjik-da |

## 79. Compras

| | | |
|---|---|---|
| comprar (vt) | 사다 | sa-da |
| compra (f) | 구매 | gu-mae |
| fazer compras | 쇼핑하다 | syo-ping-ha-da |
| compras (f pl) | 쇼핑 | syo-ping |
| | | |
| estar aberta (loja) | 열리다 | yeol-li-da |
| estar fechada | 닫다 | dat-da |
| | | |
| calçado (m) | 신발 | sin-bal |
| roupa (f) | 옷 | ot |
| cosméticos (m pl) | 화장품 | hwa-jang-pum |
| alimentos (m pl) | 식품 | sik-pum |
| presente (m) | 선물 | seon-mul |
| | | |
| vendedor (m) | 판매원 | pan-mae-won |
| vendedora (f) | 여판매원 | yeo-pan-mae-won |
| | | |
| caixa (f) | 계산대 | gye-san-dae |
| espelho (m) | 거울 | geo-ul |
| balcão (m) | 계산대 | gye-san-dae |
| provador (m) | 탈의실 | ta-rui-sil |
| | | |
| provar (vt) | 입어보다 | i-beo-bo-da |
| servir (roupa, caber) | 어울리다 | eo-ul-li-da |
| gostar (apreciar) | 좋아하다 | jo-a-ha-da |
| | | |
| preço (m) | 가격 | ga-gyeok |
| etiqueta (f) de preço | 가격표 | ga-gyeok-pyo |
| custar (vt) | 값이 … 이다 | gap-si … i-da |
| Quanto? | 얼마? | eol-ma? |
| desconto (m) | 할인 | ha-rin |
| | | |
| não caro (adj) | 비싸지 않은 | bi-ssa-ji a-neun |
| barato (adj) | 싼 | ssan |
| caro (adj) | 비싼 | bi-ssan |
| É caro | 비쌉니다 | bi-ssam-ni-da |
| | | |
| aluguel (m) | 임대 | im-dae |
| alugar (roupas, etc.) | 빌리다 | bil-li-da |
| crédito (m) | 신용 | si-nyong |
| a crédito | 신용으로 | si-nyong-eu-ro |

## 80. Dinheiro

| dinheiro (m) | 돈 | don |
| câmbio (m) | 환전 | hwan-jeon |
| taxa (f) de câmbio | 환율 | hwa-nyul |
| caixa (m) eletrônico | 현금 자동 지급기 | hyeon-geum ja-dong ji-geup-gi |
| moeda (f) | 동전 | dong-jeon |
| dólar (m) | 달러 | dal-leo |
| euro (m) | 유로 | yu-ro |
| lira (f) | 리라 | ri-ra |
| marco (m) | 마르크 | ma-reu-keu |
| franco (m) | 프랑 | peu-rang |
| libra (f) esterlina | 파운드 | pa-un-deu |
| iene (m) | 엔 | en |
| dívida (f) | 빚 | bit |
| devedor (m) | 채무자 | chae-mu-ja |
| emprestar (vt) | 빌려주다 | bil-lyeo-ju-da |
| pedir emprestado | 빌리다 | bil-li-da |
| banco (m) | 은행 | eun-haeng |
| conta (f) | 계좌 | gye-jwa |
| depositar na conta | 계좌에 입금하다 | ip-geum-ha-da |
| sacar (vt) | 출금하다 | chul-geum-ha-da |
| cartão (m) de crédito | 신용 카드 | si-nyong ka-deu |
| dinheiro (m) vivo | 현금 | hyeon-geum |
| cheque (m) | 수표 | su-pyo |
| passar um cheque | 수표를 끊다 | su-pyo-reul kkeun-ta |
| talão (m) de cheques | 수표책 | su-pyo-chaek |
| carteira (f) | 지갑 | ji-gap |
| niqueleira (f) | 동전지갑 | dong-jeon-ji-gap |
| cofre (m) | 금고 | geum-go |
| herdeiro (m) | 상속인 | sang-so-gin |
| herança (f) | 유산 | yu-san |
| fortuna (riqueza) | 재산, 큰돈 | jae-san, keun-don |
| arrendamento (m) | 임대 | im-dae |
| aluguel (pagar o ~) | 집세 | jip-se |
| alugar (vt) | 임대하다 | im-dae-ha-da |
| preço (m) | 가격 | ga-gyeok |
| custo (m) | 비용 | bi-yong |
| soma (f) | 액수 | aek-su |
| gastar (vt) | 쓰다 | sseu-da |
| gastos (m pl) | 출비를 | chul-bi-reul |
| economizar (vi) | 절약하다 | jeo-ryak-a-da |
| econômico (adj) | 경제적인 | gyeong-je-jeo-gin |
| pagar (vt) | 지불하다 | ji-bul-ha-da |

| | | |
|---|---|---|
| pagamento (m) | 지불 | ji-bul |
| troco (m) | 거스름돈 | geo-seu-reum-don |
| | | |
| imposto (m) | 세금 | se-geum |
| multa (f) | 벌금 | beol-geum |
| multar (vt) | 벌금을 부과하다 | beol-geu-meul bu-gwa-ha-da |

## 81. Correios. Serviço postal

| | | |
|---|---|---|
| agência (f) dos correios | 우체국 | u-che-guk |
| correio (m) | 우편물 | u-pyeon-mul |
| carteiro (m) | 우체부 | u-che-bu |
| horário (m) | 영업 시간 | yeong-eop si-gan |
| | | |
| carta (f) | 편지 | pyeon-ji |
| carta (f) registada | 등기 우편 | deung-gi u-pyeon |
| cartão (m) postal | 엽서 | yeop-seo |
| telegrama (m) | 전보 | jeon-bo |
| encomenda (f) | 소포 | so-po |
| transferência (f) de dinheiro | 송금 | song-geum |
| | | |
| receber (vt) | 받다 | bat-da |
| enviar (vt) | 보내다 | bo-nae-da |
| envio (m) | 발송 | bal-song |
| | | |
| endereço (m) | 주소 | ju-so |
| código (m) postal | 우편 번호 | u-pyeon beon-ho |
| remetente (m) | 발송인 | bal-song-in |
| destinatário (m) | 수신인 | su-sin-in |
| | | |
| nome (m) | 이름 | i-reum |
| sobrenome (m) | 성 | seong |
| | | |
| tarifa (f) | 요금 | yo-geum |
| ordinário (adj) | 일반의 | il-ba-nui |
| econômico (adj) | 경제적인 | gyeong-je-jeo-gin |
| | | |
| peso (m) | 무게 | mu-ge |
| pesar (estabelecer o peso) | 무게를 달다 | mu-ge-reul dal-da |
| envelope (m) | 봉투 | bong-tu |
| selo (m) postal | 우표 | u-pyo |

# Moradia. Casa. Lar

## 82. Casa. Habitação

| | | |
|---|---|---|
| casa (f) | 집 | jip |
| em casa | 집에 | ji-be |
| pátio (m), quintal (f) | 마당 | ma-dang |
| cerca, grade (f) | 울타리 | ul-ta-ri |
| | | |
| tijolo (m) | 벽돌 | byeok-dol |
| de tijolos | 벽돌의 | byeok-do-rui |
| pedra (f) | 돌 | dol |
| de pedra | 돌의 | do-rui |
| concreto (m) | 콘크리트 | kon-keu-ri-teu |
| concreto (adj) | 콘크리트의 | kon-keu-ri-teu-ui |
| | | |
| novo (adj) | 새로운 | sae-ro-un |
| velho (adj) | 오래된 | o-rae-doen |
| decrépito (adj) | 쓰러질듯한 | sseu-reo-jil-deu-tan |
| moderno (adj) | 근대의 | geun-dae-ui |
| de vários andares | 다층의 | da-cheung-ui |
| alto (adj) | 높은 | no-peun |
| | | |
| andar (m) | 층 | cheung |
| de um andar | 단층의 | dan-cheung-ui |
| | | |
| térreo (m) | 일층 | il-cheung |
| andar (m) de cima | 꼭대기층 | kkok-dae-gi-cheung |
| | | |
| telhado (m) | 지붕 | ji-bung |
| chaminé (f) | 굴뚝 | gul-ttuk |
| | | |
| telha (f) | 기와 | gi-wa |
| de telha | 기와를 얹은 | gi-wa-reul reon-jeun |
| sótão (m) | 다락 | da-rak |
| | | |
| janela (f) | 창문 | chang-mun |
| vidro (m) | 유리 | yu-ri |
| | | |
| parapeito (m) | 창가 | chang-ga |
| persianas (f pl) | 덧문 | deon-mun |
| | | |
| parede (f) | 벽 | byeok |
| varanda (f) | 발코니 | bal-ko-ni |
| calha (f) | 선홈통 | seon-hom-tong |
| | | |
| em cima | 위층으로 | wi-cheung-eu-ro |
| subir (vi) | 위층에 올라가다 | wi-cheung-e ol-la-ga-da |
| descer (vi) | 내려오다 | nae-ryeo-o-da |
| mudar-se (vr) | 이사가다 | i-sa-ga-da |

## 83. Casa. Entrada. Elevador

| | | |
|---|---|---|
| entrada (f) | 입구 | ip-gu |
| escada (f) | 계단 | gye-dan |
| degraus (m pl) | 단 | dan |
| corrimão (m) | 난간 | nan-gan |
| hall (m) de entrada | 로비 | ro-bi |
| | | |
| caixa (f) de correio | 우편함 | u-pyeon-ham |
| lata (f) do lixo | 쓰레기통 | sseu-re-gi-tong |
| calha (f) de lixo | 쓰레기 활송 장치 | sseu-re-gi hwal-song jang-chi |
| | | |
| elevador (m) | 엘리베이터 | el-li-be-i-teo |
| elevador (m) de carga | 화물 엘리베이터 | hwa-mul rel-li-be-i-teo |
| cabine (f) | 엘리베이터 카 | el-li-be-i-teo ka |
| pegar o elevador | 엘리베이터를 타다 | el-li-be-i-teo-reul ta-da |
| | | |
| apartamento (m) | 아파트 | a-pa-teu |
| residentes (pl) | 주민 | ju-min |
| vizinho (m) | 이웃 | i-ut |
| vizinha (f) | 이웃 | i-ut |
| vizinhos (pl) | 이웃들 | i-ut-deul |

## 84. Casa. Portas. Fechaduras

| | | |
|---|---|---|
| porta (f) | 문 | mun |
| portão (m) | 대문 | dae-mun |
| maçaneta (f) | 손잡이 | son-ja-bi |
| destrancar (vt) | 빗장을 벗기다 | bit-jang-eul beot-gi-da |
| abrir (vt) | 열다 | yeol-da |
| fechar (vt) | 닫다 | dat-da |
| | | |
| chave (f) | 열쇠 | yeol-soe |
| molho (m) | 열쇠 꾸러미 | yeol-soe kku-reo-mi |
| ranger (vi) | 삐걱거리다 | ppi-geok-geo-ri-da |
| rangido (m) | 삐걱거리는 소리 | ppi-geok-geo-ri-neun so-ri |
| dobradiça (f) | 경첩 | gyeong-cheop |
| capacho (m) | 문 매트 | mun mae-teu |
| | | |
| fechadura (f) | 자물쇠 | ja-mul-soe |
| buraco (m) da fechadura | 열쇠 구멍 | yeol-soe gu-meong |
| barra (f) | 빗장 | bit-jang |
| fecho (ferrolho pequeno) | 빗장걸이 | bit-jang-geo-ri |
| cadeado (m) | 맹꽁이 자물쇠 | maeng-kkong-i ja-mul-soe |
| | | |
| tocar (vt) | 울리다 | ul-li-da |
| toque (m) | 벨소리 | bel-so-ri |
| campainha (f) | 벨 | bel |
| botão (m) | 초인종 | cho-in-jong |
| batida (f) | 노크 | no-keu |
| bater (vi) | 두드리다 | du-deu-ri-da |
| código (m) | 코드 | ko-deu |
| fechadura (f) de código | 숫자 배합 자물쇠 | sut-ja bae-hap ja-mul-soe |

| | | |
|---|---|---|
| interfone (m) | 인터콤 | in-teo-kom |
| número (m) | 번호 | beon-ho |
| placa (f) de porta | 문패 | mun-pae |
| olho (m) mágico | 문구멍 | mun-gu-meong |

## 85. Casa de campo

| | | |
|---|---|---|
| aldeia (f) | 마을 | ma-eul |
| horta (f) | 채소밭 | chae-so-bat |
| cerca (f) | 울타리 | ul-ta-ri |
| cerca (f) de piquete | 말뚝 울타리 | mal-ttuk gul-ta-ri |
| portão (f) do jardim | 쪽문 | jjong-mun |
| celeiro (m) | 곡창 | gok-chang |
| adega (f) | 지하 저장실 | ji-ha jeo-jang-sil |
| galpão, barracão (m) | 헛간 | heot-gan |
| poço (m) | 우물 | u-mul |
| fogão (m) | 화덕 | hwa-deok |
| atiçar o fogo | 불을 지피다 | bu-reul ji-pi-da |
| lenha (carvão ou ~) | 장작 | jang-jak |
| acha, lenha (f) | 통나무 | tong-na-mu |
| varanda (f) | 베란다 | be-ran-da |
| alpendre (m) | 테라스 | te-ra-seu |
| degraus (m pl) de entrada | 현관 | hyeon-gwan |
| balanço (m) | 그네 | geu-ne |

## 86. Castelo. Palácio

| | | |
|---|---|---|
| castelo (m) | 성 | seong |
| palácio (m) | 궁전 | gung-jeon |
| fortaleza (f) | 요새 | yo-sae |
| muralha (f) | 성벽 | seong-byeok |
| torre (f) | 탑 | tap |
| calabouço (m) | 내성 | nae-seong |
| grade (f) levadiça | 내리닫이 쇠창살문 | nae-ri-da-ji soe-chang-sal-mun |
| passagem (f) subterrânea | 지하 통로 | ji-ha tong-no |
| fosso (m) | 해자 | hae-ja |
| corrente, cadeia (f) | 쇠사슬 | soe-sa-seul |
| seteira (f) | 총안 | chong-an |
| magnífico (adj) | 장대한 | jang-dae-han |
| majestoso (adj) | 장엄한 | jang-eom-han |
| inexpugnável (adj) | 난공불락의 | nan-gong-bul-la-gui |
| medieval (adj) | 중세의 | jung-se-ui |

## 87. Apartamento

| | | |
|---|---|---|
| apartamento (m) | 아파트 | a-pa-teu |
| quarto, cômodo (m) | 방 | bang |
| quarto (m) de dormir | 침실 | chim-sil |
| sala (f) de jantar | 식당 | sik-dang |
| sala (f) de estar | 거실 | geo-sil |
| escritório (m) | 서재 | seo-jae |
| | | |
| sala (f) de entrada | 곁방 | gyeot-bang |
| banheiro (m) | 욕실 | yok-sil |
| lavabo (m) | 화장실 | hwa-jang-sil |
| | | |
| teto (m) | 천장 | cheon-jang |
| chão, piso (m) | 마루 | ma-ru |
| canto (m) | 구석 | gu-seok |

## 88. Apartamento. Limpeza

| | | |
|---|---|---|
| arrumar, limpar (vt) | 청소하다 | cheong-so-ha-da |
| guardar (no armário, etc.) | 치우다 | chi-u-da |
| | | |
| pó (m) | 먼지 | meon-ji |
| empoeirado (adj) | 먼지 투성이의 | meon-ji tu-seong-i-ui |
| tirar o pó | 먼지를 떨다 | meon-ji-reul tteol-da |
| aspirador (m) | 진공 청소기 | jin-gong cheong-so-gi |
| aspirar (vt) | 진공 청소기로 청소하다 | jin-gong cheong-so-gi-ro cheong-so-ha-da |
| | | |
| varrer (vt) | 쓸다 | sseul-da |
| sujeira (f) | 쓸기 | sseul-gi |
| arrumação, ordem (f) | 정돈 | jeong-don |
| desordem (f) | 뒤죽박죽 | dwi-juk-bak-juk |
| | | |
| esfregão (m) | 대걸레 | dae-geol-le |
| pano (m), trapo (m) | 행주 | haeng-ju |
| vassoura (f) | 빗자루 | bit-ja-ru |
| pá (f) de lixo | 쓰레받기 | sseu-re-bat-gi |

## 89. Mobiliário. Interior

| | | |
|---|---|---|
| mobiliário (m) | 가구 | ga-gu |
| mesa (f) | 식탁, 테이블 | sik-tak, te-i-beul |
| cadeira (f) | 의자 | ui-ja |
| cama (f) | 침대 | chim-dae |
| sofá, divã (m) | 소파 | so-pa |
| poltrona (f) | 안락 의자 | al-lak gui-ja |
| | | |
| estante (f) | 책장 | chaek-jang |
| prateleira (f) | 책꽂이 | chaek-kko-ji |
| guarda-roupas (m) | 옷장 | ot-jang |

| | | |
|---|---|---|
| cabide (m) de parede | 옷걸이 | ot-geo-ri |
| cabideiro (m) de pé | 스탠드옷걸이 | seu-taen-deu-ot-geo-ri |
| | | |
| cômoda (f) | 서랍장 | seo-rap-jang |
| mesinha (f) de centro | 커피 테이블 | keo-pi te-i-beul |
| | | |
| espelho (m) | 거울 | geo-ul |
| tapete (m) | 양탄자 | yang-tan-ja |
| tapete (m) pequeno | 러그 | reo-geu |
| | | |
| lareira (f) | 벽난로 | byeong-nan-no |
| vela (f) | 초 | cho |
| castiçal (m) | 촛대 | chot-dae |
| | | |
| cortinas (f pl) | 커튼 | keo-teun |
| papel (m) de parede | 벽지 | byeok-ji |
| persianas (f pl) | 블라인드 | beul-la-in-deu |
| | | |
| luminária (f) de mesa | 테이블 램프 | deung |
| luminária (f) de parede | 벽등 | byeok-deung |
| abajur (m) de pé | 플로어 스탠드 | peul-lo-eo seu-taen-deu |
| lustre (m) | 샹들리에 | syang-deul-li-e |
| | | |
| pé (de mesa, etc.) | 다리 | da-ri |
| braço, descanso (m) | 팔걸이 | pal-geo-ri |
| costas (f pl) | 등받이 | deung-ba-ji |
| gaveta (f) | 서랍 | seo-rap |

## 90. Quarto de dormir

| | | |
|---|---|---|
| roupa (f) de cama | 침구 | chim-gu |
| travesseiro (m) | 베개 | be-gae |
| fronha (f) | 베갯잇 | be-gaen-nit |
| cobertor (m) | 이불 | i-bul |
| lençol (m) | 시트 | si-teu |
| colcha (f) | 침대보 | chim-dae-bo |

## 91. Cozinha

| | | |
|---|---|---|
| cozinha (f) | 부엌 | bu-eok |
| gás (m) | 가스 | ga-seu |
| fogão (m) a gás | 가스 레인지 | ga-seu re-in-ji |
| fogão (m) elétrico | 전기 레인지 | jeon-gi re-in-ji |
| forno (m) | 오븐 | o-beun |
| forno (m) de micro-ondas | 전자 레인지 | jeon-ja re-in-ji |
| | | |
| geladeira (f) | 냉장고 | naeng-jang-go |
| congelador (m) | 냉동고 | naeng-dong-go |
| máquina (f) de lavar louça | 식기 세척기 | sik-gi se-cheok-gi |
| | | |
| moedor (m) de carne | 고기 분쇄기 | go-gi bun-swae-gi |
| espremedor (m) | 과즙기 | gwa-jeup-gi |

| | | |
|---|---|---|
| torradeira (f) | 토스터 | to-seu-teo |
| batedeira (f) | 믹서기 | mik-seo-gi |
| | | |
| máquina (f) de café | 커피 메이커 | keo-pi me-i-keo |
| cafeteira (f) | 커피 주전자 | keo-pi ju-jeon-ja |
| moedor (m) de café | 커피 그라인더 | keo-pi geu-ra-in-deo |
| | | |
| chaleira (f) | 주전자 | ju-jeon-ja |
| bule (m) | 티팟 | ti-pat |
| tampa (f) | 뚜껑 | ttu-kkeong |
| coador (m) de chá | 차거름망 | cha-geo-reum-mang |
| | | |
| colher (f) | 숟가락 | sut-ga-rak |
| colher (f) de chá | 티스푼 | ti-seu-pun |
| colher (f) de sopa | 숟가락 | sut-ga-rak |
| garfo (m) | 포크 | po-keu |
| faca (f) | 칼 | kal |
| | | |
| louça (f) | 식기 | sik-gi |
| prato (m) | 접시 | jeop-si |
| pires (m) | 받침 접시 | bat-chim jeop-si |
| | | |
| cálice (m) | 소주잔 | so-ju-jan |
| copo (m) | 유리잔 | yu-ri-jan |
| xícara (f) | 컵 | keop |
| | | |
| açucareiro (m) | 설탕그릇 | seol-tang-geu-reut |
| saleiro (m) | 소금통 | so-geum-tong |
| pimenteiro (m) | 후추통 | hu-chu-tong |
| manteigueira (f) | 버터 접시 | beo-teo jeop-si |
| | | |
| panela (f) | 냄비 | naem-bi |
| frigideira (f) | 프라이팬 | peu-ra-i-paen |
| concha (f) | 국자 | guk-ja |
| coador (m) | 체 | che |
| bandeja (f) | 쟁반 | jaeng-ban |
| | | |
| garrafa (f) | 병 | byeong |
| pote (m) de vidro | 유리병 | yu-ri-byeong |
| lata (~ de cerveja) | 캔, 깡통 | kaen, kkang-tong |
| | | |
| abridor (m) de garrafa | 병따개 | byeong-tta-gae |
| abridor (m) de latas | 깡통 따개 | kkang-tong tta-gae |
| saca-rolhas (m) | 코르크 마개 뽑이 | ko-reu-keu ma-gae ppo-bi |
| filtro (m) | 필터 | pil-teo |
| filtrar (vt) | 여과하다 | yeo-gwa-ha-da |
| | | |
| lixo (m) | 쓰레기 | sseu-re-gi |
| lixeira (f) | 쓰레기통 | sseu-re-gi-tong |

## 92. Casa de banho

| | | |
|---|---|---|
| banheiro (m) | 욕실 | yok-sil |
| água (f) | 물 | mul |

| | | |
|---|---|---|
| torneira (f) | 수도꼭지 | su-do-kkok-ji |
| água (f) quente | 온수 | on-su |
| água (f) fria | 냉수 | naeng-su |
| | | |
| pasta (f) de dente | 치약 | chi-yak |
| escovar os dentes | 이를 닦다 | i-reul dak-da |
| | | |
| barbear-se (vr) | 깎다 | kkak-da |
| espuma (f) de barbear | 면도 크림 | myeon-do keu-rim |
| gilete (f) | 면도기 | myeon-do-gi |
| | | |
| lavar (vt) | 씻다 | ssit-da |
| tomar banho | 목욕하다 | mo-gyok-a-da |
| chuveiro (m), ducha (f) | 샤워 | sya-wo |
| tomar uma ducha | 샤워하다 | sya-wo-ha-da |
| | | |
| banheira (f) | 욕조 | yok-jo |
| vaso (m) sanitário | 변기 | byeon-gi |
| pia (f) | 세면대 | se-myeon-dae |
| | | |
| sabonete (m) | 비누 | bi-nu |
| saboneteira (f) | 비누 그릇 | bi-nu geu-reut |
| | | |
| esponja (f) | 스펀지 | seu-peon-ji |
| xampu (m) | 샴푸 | syam-pu |
| toalha (f) | 수건 | su-geon |
| roupão (m) de banho | 목욕가운 | mo-gyok-ga-un |
| | | |
| lavagem (f) | 빨래 | ppal-lae |
| lavadora (f) de roupas | 세탁기 | se-tak-gi |
| lavar a roupa | 빨래하다 | ppal-lae-ha-da |
| detergente (m) | 가루세제 | ga-ru-se-je |

## 93. Eletrodomésticos

| | | |
|---|---|---|
| televisor (m) | 텔레비전 | tel-le-bi-jeon |
| gravador (m) | 카세트 플레이어 | ka-se-teu peul-le-i-eo |
| videogravador (m) | 비디오테이프 녹화기 | bi-di-o-te-i-peu nok-wa-gi |
| rádio (m) | 라디오 | ra-di-o |
| leitor (m) | 플레이어 | peul-le-i-eo |
| | | |
| projetor (m) | 프로젝터 | peu-ro-jek-teo |
| cinema (m) em casa | 홈씨어터 | hom-ssi-eo-teo |
| DVD Player (m) | 디비디 플레이어 | di-bi-di peul-le-i-eo |
| amplificador (m) | 앰프 | aem-peu |
| console (f) de jogos | 게임기 | ge-im-gi |
| | | |
| câmera (f) de vídeo | 캠코더 | kaem-ko-deo |
| máquina (f) fotográfica | 카메라 | ka-me-ra |
| câmera (f) digital | 디지털 카메라 | di-ji-teol ka-me-ra |
| | | |
| aspirador (m) | 진공 청소기 | jin-gong cheong-so-gi |
| ferro (m) de passar | 다리미 | da-ri-mi |
| tábua (f) de passar | 다림질 판 | da-rim-jil pan |

| | | |
|---|---|---|
| telefone (m) | 전화 | jeon-hwa |
| celular (m) | 휴대폰 | hyu-dae-pon |
| máquina (f) de escrever | 타자기 | ta-ja-gi |
| máquina (f) de costura | 재봉틀 | jae-bong-teul |
| | | |
| microfone (m) | 마이크 | ma-i-keu |
| fone (m) de ouvido | 헤드폰 | he-deu-pon |
| controle remoto (m) | 원격 조종 | won-gyeok jo-jong |
| | | |
| CD (m) | 씨디 | ssi-di |
| fita (f) cassete | 테이프 | te-i-peu |
| disco (m) de vinil | 레코드 판 | re-ko-deu pan |

## 94. Reparações. Renovação

| | | |
|---|---|---|
| renovação (f) | 수리를 | su-ri-reul |
| renovar (vt), fazer obras | 수리를 하다 | su-ri-reul ha-da |
| reparar (vt) | 보수하다 | bo-su-ha-da |
| consertar (vt) | 정리하다 | jeong-ni-ha-da |
| refazer (vt) | 다시 하다 | da-si ha-da |
| | | |
| tinta (f) | 페인트 | pe-in-teu |
| pintar (vt) | 페인트를 칠하다 | pe-in-teu-reul chil-ha-da |
| pintor (m) | 페인트공 | pe-in-teu-gong |
| pincel (m) | 붓 | but |
| | | |
| cal (f) | 백색 도료 | baek-saek do-ryo |
| caiar (vt) | 백색 도료를 칠하다 | baek-saek do-ryo-reul chil-ha-da |
| | | |
| papel (m) de parede | 벽지 | byeok-ji |
| colocar papel de parede | 벽지를 붙이다 | byeok-ji-reul bu-chi-da |
| verniz (m) | 니스 | ni-seu |
| envernizar (vt) | 니스를 칠하다 | ni-seu-reul chil-ha-da |

## 95. Canalizações

| | | |
|---|---|---|
| água (f) | 물 | mul |
| água (f) quente | 온수 | on-su |
| água (f) fria | 냉수 | naeng-su |
| torneira (f) | 수도꼭지 | su-do-kkok-ji |
| | | |
| gota (f) | 물방울 | mul-bang-ul |
| gotejar (vi) | 방울져 떨어지다 | bang-ul-jyeo tteo-reo-ji-da |
| vazar (vt) | 새다 | sae-da |
| vazamento (m) | 누출 | nu-chul |
| poça (f) | 웅덩이 | ung-deong-i |
| | | |
| tubo (m) | 관, 파이프 | gwan, pa-i-peu |
| válvula (f) | 밸브 | bael-beu |
| entupir-se (vr) | 막히다 | mak-i-da |
| ferramentas (f pl) | 공구 | gong-gu |

| chave (f) inglesa | 멍키렌치 | meong-ki-ren-chi |
|---|---|---|
| desenroscar (vt) | 열리다 | yeol-li-da |
| enroscar (vt) | 돌려서 조이다 | dol-lyeo-seo jo-i-da |

| desentupir (vt) | … 를 뚫다 | … reul ttul-ta |
|---|---|---|
| encanador (m) | 배관공 | bae-gwan-gong |
| porão (m) | 지하실 | ji-ha-sil |
| rede (f) de esgotos | 하수도 | ha-su-do |

## 96. Fogo. Deflagração

| incêndio (m) | 불 | bul |
|---|---|---|
| chama (f) | 화염 | hwa-yeom |
| faísca (f) | 불똥 | bul-ttong |
| fumaça (f) | 연기 | yeon-gi |
| tocha (f) | 횃불 | hwaet-bul |
| fogueira (f) | 모닥불 | mo-dak-bul |

| gasolina (f) | 휘발유, 가솔린 | hwi-ba-ryu, ga-sol-lin |
|---|---|---|
| querosene (m) | 등유 | deung-yu |
| inflamável (adj) | 가연성의 | ga-yeon-seong-ui |
| explosivo (adj) | 폭발성의 | pok-bal-seong-ui |
| PROIBIDO FUMAR! | 금연 | geu-myeon |

| segurança (f) | 안전 | an-jeon |
|---|---|---|
| perigo (m) | 위험 | wi-heom |
| perigoso (adj) | 위험한 | wi-heom-han |

| incendiar-se (vr) | 불이 붙다 | bu-ri but-da |
|---|---|---|
| explosão (f) | 폭발 | pok-bal |
| incendiar (vt) | 방화하다 | bang-hwa-ha-da |
| incendiário (m) | 방화범 | bang-hwa-beom |
| incêndio (m) criminoso | 방화 | bang-hwa |

| flamejar (vi) | 활활 타다 | hwal-hwal ta-da |
|---|---|---|
| queimar (vi) | 타다 | ta-da |
| queimar tudo (vi) | 불에 타다 | bu-re ta-da |

| bombeiro (m) | 소방관 | so-bang-gwan |
|---|---|---|
| caminhão (m) de bombeiros | 소방차 | so-bang-cha |
| corpo (m) de bombeiros | 소방대 | so-bang-dae |

| mangueira (f) | 소방 호스 | so-bang ho-seu |
|---|---|---|
| extintor (m) | 소화기 | so-hwa-gi |
| capacete (m) | 헬멧 | hel-met |
| sirene (f) | 사이렌 | sa-i-ren |

| gritar (vi) | 소리치다 | so-ri-chi-da |
|---|---|---|
| chamar por socorro | 도와 달라고 외치다 | do-wa dal-la-go oe-chi-da |
| socorrista (m) | 구조자 | gu-jo-ja |
| salvar, resgatar (vt) | 구조하다 | gu-jo-ha-da |

| chegar (vi) | 도착하다 | do-chak-a-da |
|---|---|---|
| apagar (vt) | 끄다 | kkeu-da |

| água (f) | 물 | mul |
| areia (f) | 모래 | mo-rae |

| ruínas (f pl) | 폐허 | pye-heo |
| ruir (vi) | 붕괴되다 | bung-goe-doe-da |
| desmoronar (vi) | 무너지다 | mu-neo-ji-da |
| desabar (vi) | 무너지다 | mu-neo-ji-da |

| fragmento (m) | 파편 | pa-pyeon |
| cinza (f) | 재 | jae |

| sufocar (vi) | 질식하다 | jil-sik-a-da |
| perecer (vi) | 사망하다 | sa-mang-ha-da |

# ATIVIDADES HUMANAS

# Emprego. Negócios. Parte 1

## 97. Banca

| | | |
|---|---|---|
| banco (m) | 은행 | eun-haeng |
| balcão (f) | 지점 | ji-jeom |
| consultor (m) bancário | 행원 | haeng-won |
| gerente (m) | 지배인 | ji-bae-in |
| conta (f) | 은행계좌 | eun-haeng-gye-jwa |
| número (m) da conta | 계좌 번호 | gye-jwa beon-ho |
| conta (f) corrente | 당좌 | dang-jwa |
| conta (f) poupança | 보통 예금 | bo-tong ye-geum |
| abrir uma conta | 계좌를 열다 | gye-jwa-reul ryeol-da |
| fechar uma conta | 계좌를 해지하다 | gye-jwa-reul hae-ji-ha-da |
| depositar na conta | 계좌에 입금하다 | ip-geum-ha-da |
| sacar (vt) | 출금하다 | chul-geum-ha-da |
| depósito (m) | 저금 | jeo-geum |
| fazer um depósito | 입금하다 | ip-geum-ha-da |
| transferência (f) bancária | 송금 | song-geum |
| transferir (vt) | 송금하다 | song-geum-ha-da |
| soma (f) | 액수 | aek-su |
| Quanto? | 얼마? | eol-ma? |
| assinatura (f) | 서명 | seo-myeong |
| assinar (vt) | 서명하다 | seo-myeong-ha-da |
| cartão (m) de crédito | 신용 카드 | si-nyong ka-deu |
| senha (f) | 비밀번호 | bi-mil-beon-ho |
| número (m) do cartão de crédito | 신용 카드 번호 | si-nyong ka-deu beon-ho |
| caixa (m) eletrônico | 현금 자동 지급기 | hyeon-geum ja-dong ji-geup-gi |
| cheque (m) | 수표 | su-pyo |
| passar um cheque | 수표를 끊다 | su-pyo-reul kkeun-ta |
| talão (m) de cheques | 수표책 | su-pyo-chaek |
| empréstimo (m) | 대출 | dae-chul |
| pedir um empréstimo | 대출 신청하다 | dae-chul sin-cheong-ha-da |
| obter empréstimo | 대출을 받다 | dae-chu-reul bat-da |
| dar um empréstimo | 대출하다 | dae-chul-ha-da |
| garantia (f) | 담보 | dam-bo |

## 98. Telefone. Conversação telefônica

| | | |
|---|---|---|
| telefone (m) | 전화 | jeon-hwa |
| celular (m) | 휴대폰 | hyu-dae-pon |
| secretária (f) eletrônica | 자동 응답기 | ja-dong eung-dap-gi |
| fazer uma chamada | 전화하다 | jeon-hwa-ha-da |
| chamada (f) | 통화 | tong-hwa |
| discar um número | 번호로 걸다 | beon-ho-ro geol-da |
| Alô! | 여보세요! | yeo-bo-se-yo! |
| perguntar (vt) | 묻다 | mut-da |
| responder (vt) | 전화를 받다 | jeon-hwa-reul bat-da |
| ouvir (vt) | 듣다 | deut-da |
| bem | 잘 | jal |
| mal | 좋지 않은 | jo-chi a-neun |
| ruído (m) | 잡음 | ja-beum |
| fone (m) | 수화기 | su-hwa-gi |
| pegar o telefone | 전화를 받다 | jeon-hwa-reul bat-da |
| desligar (vi) | 전화를 끊다 | jeon-hwa-reul kkeun-ta |
| ocupado (adj) | 통화 중인 | tong-hwa jung-in |
| tocar (vi) | 울리다 | ul-li-da |
| lista (f) telefônica | 전화 번호부 | jeon-hwa beon-ho-bu |
| local (adj) | 시내의 | si-nae-ui |
| de longa distância | 장거리의 | jang-geo-ri-ui |
| internacional (adj) | 국제적인 | guk-je-jeo-gin |

## 99. Telefone móvel

| | | |
|---|---|---|
| celular (m) | 휴대폰 | hyu-dae-pon |
| tela (f) | 화면 | hwa-myeon |
| botão (m) | 버튼 | beo-teun |
| cartão SIM (m) | SIM 카드 | SIM ka-deu |
| bateria (f) | 건전지 | geon-jeon-ji |
| descarregar-se (vr) | 나가다 | na-ga-da |
| carregador (m) | 충전기 | chung-jeon-gi |
| menu (m) | 메뉴 | me-nyu |
| configurações (f pl) | 설정 | seol-jeong |
| melodia (f) | 벨소리 | bel-so-ri |
| escolher (vt) | 선택하다 | seon-taek-a-da |
| calculadora (f) | 계산기 | gye-san-gi |
| correio (m) de voz | 자동 응답기 | ja-dong eung-dap-gi |
| despertador (m) | 알람 시계 | al-lam si-gye |
| contatos (m pl) | 연락처 | yeol-lak-cheo |
| mensagem (f) de texto | 문자 메시지 | mun-ja me-si-ji |
| assinante (m) | 가입자 | ga-ip-ja |

## 100. Estacionário

| | | |
|---|---|---|
| caneta (f) | 볼펜 | bol-pen |
| caneta (f) tinteiro | 만년필 | man-nyeon-pil |
| | | |
| lápis (m) | 연필 | yeon-pil |
| marcador (m) de texto | 형광펜 | hyeong-gwang-pen |
| caneta (f) hidrográfica | 사인펜 | sa-in-pen |
| | | |
| bloco (m) de notas | 공책 | gong-chaek |
| agenda (f) | 수첩 | su-cheop |
| | | |
| régua (f) | 자 | ja |
| calculadora (f) | 계산기 | gye-san-gi |
| borracha (f) | 지우개 | ji-u-gae |
| alfinete (m) | 압정 | ap-jeong |
| clipe (m) | 클립 | keul-lip |
| | | |
| cola (f) | 접착제 | jeop-chak-je |
| grampeador (m) | 호치키스 | ho-chi-ki-seu |
| furador (m) de papel | 펀치 | peon-chi |
| apontador (m) | 연필깎이 | yeon-pil-kka-kki |

# Emprego. Negócios. Parte 2

## 101. Media

| | | |
|---|---|---|
| jornal (m) | 신문 | sin-mun |
| revista (f) | 잡지 | jap-ji |
| imprensa (f) | 언론 | eon-non |
| rádio (m) | 라디오 | ra-di-o |
| estação (f) de rádio | 라디오 방송국 | ra-di-o bang-song-guk |
| televisão (f) | 텔레비전 | tel-le-bi-jeon |
| | | |
| apresentador (m) | 진행자 | jin-haeng-ja |
| locutor (m) | 아나운서 | a-na-un-seo |
| comentarista (m) | 해설가 | hae-seol-ga |
| | | |
| jornalista (m) | 저널리스트 | jeo-neol-li-seu-teu |
| correspondente (m) | 특파원 | teuk-pa-won |
| repórter (m) fotográfico | 사진 기자 | sa-jin gi-ja |
| repórter (m) | 리포터 | ri-po-teo |
| | | |
| redator (m) | 편집자 | pyeon-jip-ja |
| redator-chefe (m) | 편집장 | pyeon-jip-jang |
| | | |
| assinar a … | … 를 구독하다 | … reul gu-dok-a-da |
| assinatura (f) | 구독 | gu-dok |
| assinante (m) | 구독자 | gu-dok-ja |
| ler (vt) | 읽다 | ik-da |
| leitor (m) | 독자 | dok-ja |
| | | |
| tiragem (f) | 발행 부수 | bal-haeng bu-su |
| mensal (adj) | 월간의 | wol-ga-nui |
| semanal (adj) | 주간의 | ju-ga-nui |
| número (jornal, revista) | 호 | ho |
| recente, novo (adj) | 최신의 | choe-si-nui |
| | | |
| manchete (f) | 헤드라인 | he-deu-ra-in |
| pequeno artigo (m) | 짧은 기사 | jjal-beun gi-sa |
| coluna (~ semanal) | 칼럼 | kal-leom |
| artigo (m) | 기사 | gi-sa |
| página (f) | 페이지 | pe-i-ji |
| | | |
| reportagem (f) | 보도 | bo-do |
| evento (festa, etc.) | 사건 | sa-geon |
| sensação (f) | 센세이션 | sen-se-i-syeon |
| escândalo (m) | 스캔들 | seu-kaen-deul |
| escandaloso (adj) | 스캔들의 | seu-kaen-deu-rui |
| grande (adj) | 엄청난 | eom-cheong-nan |
| | | |
| programa (m) | 쇼 | syo |
| entrevista (f) | 인터뷰 | in-teo-byu |

| | | |
|---|---|---|
| transmissão (f) ao vivo | 라이브 방송 | ra-i-beu bang-song |
| canal (m) | 채널 | chae-neol |

## 102. Agricultura

| | | |
|---|---|---|
| agricultura (f) | 농업 | nong-eop |
| camponês (m) | 소작농 | so-jang-nong |
| camponesa (f) | 소작농 | so-jang-nong |
| agricultor, fazendeiro (m) | 농부 | nong-bu |
| trator (m) | 트랙터 | teu-raek-teo |
| colheitadeira (f) | 콤바인 | kom-ba-in |
| arado (m) | 쟁기 | jaeng-gi |
| arar (vt) | 땅을 갈다 | ttang-eul gal-da |
| campo (m) lavrado | 한 쟁기의 땅 | han jaeng-gi-ui ttang |
| sulco (m) | 고랑 | go-rang |
| semear (vt) | 뿌리다 | ppu-ri-da |
| plantadeira (f) | 파종기 | pa-jong-gi |
| semeadura (f) | 씨뿌리기 | pa-jong |
| foice (m) | 긴 낫 | gin nat |
| cortar com foice | 낫질하다 | nat-jil-ha-da |
| pá (f) | 삽 | sap |
| cavar (vt) | 갈다 | gal-da |
| enxada (f) | 호미 | ho-mi |
| capinar (vt) | 풀을 뽑다 | pu-reul ppop-da |
| erva (f) daninha | 잡초 | jap-cho |
| regador (m) | 물뿌리개 | mul-ppu-ri-gae |
| regar (plantas) | 물을 주다 | mu-reul ju-da |
| rega (f) | 살수 | sal-su |
| forquilha (f) | 쇠스랑 | soe-seu-rang |
| ancinho (m) | 갈퀴 | gal-kwi |
| fertilizante (m) | 비료 | bi-ryo |
| fertilizar (vt) | 비료를 주다 | bi-ryo-reul ju-da |
| estrume, esterco (m) | 거름 | geo-reum |
| campo (m) | 밭 | bat |
| prado (m) | 풀밭 | pul-bat |
| horta (f) | 채소밭 | chae-so-bat |
| pomar (m) | 과수원 | gwa-su-won |
| pastar (vt) | 방목하다 | bang-mo-ka-da |
| pastor (m) | 목동 | mok-dong |
| pastagem (f) | 목초지 | mok-cho-ji |
| pecuária (f) | 목축 | mok-chuk |
| criação (f) de ovelhas | 목양 | mo-gyang |

| plantação (f) | 농원 | nong-won |
| canteiro (m) | 이랑 | i-rang |
| estufa (f) | 온실 | on-sil |

| seca (f) | 가뭄 | ga-mum |
| seco (verão ~) | 건조한 | geon-jo-han |

| cereais (m pl) | 곡류 | gong-nyu |
| colher (vt) | 수확하다 | su-hwak-a-da |

| moleiro (m) | 제분업자 | je-bun-eop-ja |
| moinho (m) | 제분소 | je-bun-so |
| moer (vt) | 제분하다 | je-bun-ha-da |
| farinha (f) | 밀가루 | mil-ga-ru |
| palha (f) | 짚 | jip |

## 103. Construção. Processo de construção

| canteiro (m) de obras | 공사장 | gong-sa-jang |
| construir (vt) | 건설하다 | geon-seol-ha-da |
| construtor (m) | 공사장 인부 | gong-sa-jang in-bu |

| projeto (m) | 프로젝트 | peu-ro-jek-teu |
| arquiteto (m) | 건축가 | geon-chuk-ga |
| operário (m) | 노동자 | no-dong-ja |

| fundação (f) | 기초 | gi-cho |
| telhado (m) | 지붕 | ji-bung |
| estaca (f) | 기초 말뚝 | gi-cho mal-ttuk |
| parede (f) | 벽 | byeok |

| colunas (f pl) de sustentação | 철근 | cheol-geun |
| andaime (m) | 비계 | bi-gye |

| concreto (m) | 콘크리트 | kon-keu-ri-teu |
| granito (m) | 화강암 | hwa-gang-am |
| pedra (f) | 돌 | dol |
| tijolo (m) | 벽돌 | byeok-dol |

| areia (f) | 모래 | mo-rae |
| cimento (m) | 시멘트 | si-men-teu |
| emboço, reboco (m) | 회반죽 | hoe-ban-juk |
| emboçar, rebocar (vt) | 회반죽을 칠하다 | hoe-ban-ju-geul chil-ha-da |
| tinta (f) | 페인트 | pe-in-teu |
| pintar (vt) | 페인트를 칠하다 | pe-in-teu-reul chil-ha-da |
| barril (m) | 통 | tong |

| grua (f), guindaste (m) | 크레인 | keu-re-in |
| erguer (vt) | 올리다 | ol-li-da |
| baixar (vt) | 내리다 | nae-ri-da |

| buldózer (m) | 불도저 | bul-do-jeo |
| escavadora (f) | 굴착기 | gul-chak-gi |
| caçamba (f) | 굴삭기 버킷 | beo-kit |

| escavar (vt) | 파다 | pa-da |
| capacete (m) de proteção | 안전모 | an-jeon-mo |

# Profissões e ocupações

## 104. Procura de emprego. Demissão

| | | |
|---|---|---|
| trabalho (m) | 직업 | ji-geop |
| pessoal (m) | 직원 | ji-gwon |
| | | |
| carreira (f) | 경력 | gyeong-nyeok |
| perspectivas (f pl) | 전망 | jeon-mang |
| habilidades (f pl) | 숙달 | suk-dal |
| | | |
| seleção (f) | 선발 | seon-bal |
| agência (f) de emprego | 직업 소개소 | ji-geop so-gae-so |
| currículo (m) | 이력서 | i-ryeok-seo |
| entrevista (f) de emprego | 면접 | myeon-jeop |
| vaga (f) | 결원 | gyeo-rwon |
| | | |
| salário (m) | 급여, 월급 | geu-byeo, wol-geup |
| salário (m) fixo | 고정급 | go-jeong-geup |
| pagamento (m) | 급료 | geum-nyo |
| | | |
| cargo (m) | 직위 | ji-gwi |
| dever (do empregado) | 의무 | ui-mu |
| gama (f) de deveres | 업무범위 | eom-mu-beom-wi |
| ocupado (adj) | 바쁜 | ba-ppeun |
| | | |
| despedir, demitir (vt) | 해고하다 | hae-go-ha-da |
| demissão (f) | 해고 | hae-go |
| | | |
| desemprego (m) | 실업 | si-reop |
| desempregado (m) | 실업자 | si-reop-ja |
| aposentadoria (f) | 은퇴 | eun-toe |
| aposentar-se (vr) | 은퇴하다 | eun-toe-ha-da |

## 105. Gente de negócios

| | | |
|---|---|---|
| diretor (m) | 사장 | sa-jang |
| gerente (m) | 지배인 | ji-bae-in |
| patrão, chefe (m) | 상사 | sang-sa |
| | | |
| superior (m) | 상사 | sang-sa |
| superiores (m pl) | 상사 | sang-sa |
| presidente (m) | 회장 | hoe-jang |
| chairman (m) | 의장 | ui-jang |
| | | |
| substituto (m) | 부 ... | bu ... |
| assistente (m) | 조수 | jo-su |
| secretário (m) | 비서 | bi-seo |

| | | |
|---|---|---|
| secretário (m) pessoal | 개인 비서 | gae-in bi-seo |
| homem (m) de negócios | 사업가 | sa-eop-ga |
| empreendedor (m) | 사업가 | sa-eop-ga |
| fundador (m) | 설립자 | seol-lip-ja |
| fundar (vt) | 설립하다 | seol-li-pa-da |
| | | |
| principiador (m) | 설립자 | seol-lip-ja |
| parceiro, sócio (m) | 파트너 | pa-teu-neo |
| acionista (m) | 주주 | ju-ju |
| | | |
| milionário (m) | 백만장자 | baeng-man-jang-ja |
| bilionário (m) | 억만장자 | eong-man-jang-ja |
| proprietário (m) | 소유자 | so-yu-ja |
| proprietário (m) de terras | 토지 소유자 | to-ji so-yu-ja |
| | | |
| cliente (m) | 고객 | go-gaek |
| cliente (m) habitual | 단골 | dan-gol |
| comprador (m) | 구매자 | gu-mae-ja |
| visitante (m) | 방문객 | bang-mun-gaek |
| | | |
| profissional (m) | 전문가 | jeon-mun-ga |
| perito (m) | 전문가 | jeon-mun-ga |
| especialista (m) | 전문가 | jeon-mun-ga |
| | | |
| banqueiro (m) | 은행가 | eun-haeng-ga |
| corretor (m) | 브로커 | beu-ro-keo |
| | | |
| caixa (m, f) | 계산원 | gye-san-won |
| contador (m) | 회계사 | hoe-gye-sa |
| guarda (m) | 보안요원 | bo-a-nyo-won |
| | | |
| investidor (m) | 투자가 | tu-ja-ga |
| devedor (m) | 채무자 | chae-mu-ja |
| credor (m) | 빚쟁이 | bit-jaeng-i |
| mutuário (m) | 차용인 | cha-yong-in |
| | | |
| importador (m) | 수입업자 | su-i-beop-ja |
| exportador (m) | 수출업자 | su-chu-reop-ja |
| | | |
| produtor (m) | 생산자 | saeng-san-ja |
| distribuidor (m) | 배급업자 | bae-geu-beop-ja |
| intermediário (m) | 중간상인 | jung-gan-sang-in |
| | | |
| consultor (m) | 컨설턴트 | keon-seol-teon-teu |
| representante comercial | 판매 대리인 | pan-mae dae-ri-in |
| agente (m) | 중개인 | jung-gae-in |
| agente (m) de seguros | 보험설계사 | bo-heom-seol-gye-sa |

## 106. Profissões de serviços

| | | |
|---|---|---|
| cozinheiro (m) | 요리사 | yo-ri-sa |
| chefe (m) de cozinha | 주방장 | ju-bang-jang |
| padeiro (m) | 제빵사 | je-ppang-sa |
| barman (m) | 바텐더 | ba-ten-deo |

| | | |
|---|---|---|
| garçom (m) | 웨이터 | we-i-teo |
| garçonete (f) | 웨이트리스 | we-i-teu-ri-seu |
| | | |
| advogado (m) | 변호사 | byeon-ho-sa |
| jurista (m) | 법률고문 | beom-nyul-go-mun |
| notário (m) | 공증인 | gong-jeung-in |
| | | |
| eletricista (m) | 전기 기사 | jeon-gi gi-sa |
| encanador (m) | 배관공 | bae-gwan-gong |
| carpinteiro (m) | 목수 | mok-su |
| | | |
| massagista (m) | 안마사 | an-ma-sa |
| massagista (f) | 안마사 | an-ma-sa |
| médico (m) | 의사 | ui-sa |
| | | |
| taxista (m) | 택시 운전 기사 | taek-si un-jeon gi-sa |
| condutor (automobilista) | 운전 기사 | un-jeon gi-sa |
| entregador (m) | 배달원 | bae-da-rwon |
| | | |
| camareira (f) | 객실 청소부 | gaek-sil cheong-so-bu |
| guarda (m) | 보안요원 | bo-a-nyo-won |
| aeromoça (f) | 승무원 | seung-mu-won |
| | | |
| professor (m) | 선생님 | seon-saeng-nim |
| bibliotecário (m) | 사서 | sa-seo |
| tradutor (m) | 번역가 | beo-nyeok-ga |
| intérprete (m) | 통역가 | tong-yeok-ga |
| guia (m) | 가이드 | ga-i-deu |
| | | |
| cabeleireiro (m) | 미용사 | mi-yong-sa |
| carteiro (m) | 우체부 | u-che-bu |
| vendedor (m) | 점원 | jeom-won |
| | | |
| jardineiro (m) | 정원사 | jeong-won-sa |
| criado (m) | 하인 | ha-in |
| criada (f) | 하녀 | ha-nyeo |
| empregada (f) de limpeza | 청소부 | cheong-so-bu |

## 107. Profissões militares e postos

| | | |
|---|---|---|
| soldado (m) raso | 일병 | il-byeong |
| sargento (m) | 병장 | byeong-jang |
| tenente (m) | 중위 | jung-wi |
| capitão (m) | 대위 | dae-wi |
| | | |
| major (m) | 소령 | so-ryeong |
| coronel (m) | 대령 | dae-ryeong |
| general (m) | 장군 | jang-gun |
| marechal (m) | 원수 | won-su |
| almirante (m) | 제독 | je-dok |
| | | |
| militar (m) | 군인 | gun-in |
| soldado (m) | 군인 | gun-in |
| oficial (m) | 장교 | jang-gyo |

| comandante (m) | 사령관 | sa-ryeong-gwan |
| guarda (m) de fronteira | 국경 수비대원 | guk-gyeong su-bi-dae-won |
| operador (m) de rádio | 무선 기사 | mu-seon gi-sa |
| explorador (m) | 정찰병 | jeong-chal-byeong |
| sapador-mineiro (m) | 공병대원 | gong-byeong-dae-won |
| atirador (m) | 사수 | sa-su |
| navegador (m) | 항법사 | hang-beop-sa |

## 108. Oficiais. Padres

| rei (m) | 왕 | wang |
| rainha (f) | 여왕 | yeo-wang |

| príncipe (m) | 왕자 | wang-ja |
| princesa (f) | 공주 | gong-ju |

| czar (m) | 차르 | cha-reu |
| czarina (f) | 여황제 | yeo-hwang-je |

| presidente (m) | 대통령 | dae-tong-nyeong |
| ministro (m) | 장관 | jang-gwan |
| primeiro-ministro (m) | 총리 | chong-ni |
| senador (m) | 상원의원 | sang-won-ui-won |

| diplomata (m) | 외교관 | oe-gyo-gwan |
| cônsul (m) | 영사 | yeong-sa |
| embaixador (m) | 대사 | dae-sa |
| conselheiro (m) | 고문관 | go-mun-gwan |

| funcionário (m) | 공무원 | gong-mu-won |
| prefeito (m) | 도지사, 현감 | do-ji-sa, hyeon-gam |
| Presidente (m) da Câmara | 시장 | si-jang |

| juiz (m) | 판사 | pan-sa |
| procurador (m) | 검사 | geom-sa |

| missionário (m) | 선교사 | seon-gyo-sa |
| monge (m) | 수도사 | su-do-sa |
| abade (m) | 수도원장 | su-do-won-jang |
| rabino (m) | 랍비 | rap-bi |

| vizir (m) | 고관 | go-gwan |
| xá (m) | 샤 | sya |
| xeique (m) | 셰이크 | sye-i-keu |

## 109. Profissões agrícolas

| abelheiro (m) | 양봉가 | yang-bong-ga |
| pastor (m) | 목동 | mok-dong |
| agrônomo (m) | 농학자 | nong-hak-ja |
| criador (m) de gado | 목축업자 | mok-chu-geop-ja |
| veterinário (m) | 수의사 | su-ui-sa |

| | | |
|---|---|---|
| agricultor, fazendeiro (m) | 농부 | nong-bu |
| vinicultor (m) | 포도주 제조자 | po-do-ju je-jo-ja |
| zoólogo (m) | 동물학자 | dong-mul-hak-ja |
| vaqueiro (m) | 카우보이 | ka-u-bo-i |

## 110. Profissões artísticas

| | | |
|---|---|---|
| ator (m) | 배우 | bae-u |
| atriz (f) | 여배우 | yeo-bae-u |
| | | |
| cantor (m) | 가수 | ga-su |
| cantora (f) | 여가수 | yeo-ga-su |
| | | |
| bailarino (m) | 무용가 | mu-yong-ga |
| bailarina (f) | 여성 무용가 | yeo-seong mu-yong-ga |
| | | |
| artista (m) | 공연자 | gong-yeon-ja |
| artista (f) | 여성 공연자 | yeo-seong gong-yeon-ja |
| | | |
| músico (m) | 음악가 | eum-ak-ga |
| pianista (m) | 피아니스트 | pi-a-ni-seu-teu |
| guitarrista (m) | 기타 연주자 | gi-ta yeon-ju-ja |
| | | |
| maestro (m) | 지휘자 | ji-hwi-ja |
| compositor (m) | 작곡가 | jak-gok-ga |
| empresário (m) | 기획자 | gi-hoek-ja |
| | | |
| diretor (m) de cinema | 영화감독 | yeong-hwa-gam-dok |
| produtor (m) | 제작자 | je-jak-ja |
| roteirista (m) | 시나리오 작가 | si-na-ri-o jak-ga |
| crítico (m) | 미술 비평가 | mi-sul bi-pyeong-ga |
| | | |
| escritor (m) | 작가 | jak-ga |
| poeta (m) | 시인 | si-in |
| escultor (m) | 조각가 | jo-gak-ga |
| pintor (m) | 화가 | hwa-ga |
| | | |
| malabarista (m) | 저글러 | jeo-geul-leo |
| palhaço (m) | 어릿광대 | eo-rit-gwang-dae |
| acrobata (m) | 곡예사 | go-gye-sa |
| ilusionista (m) | 마술사 | ma-sul-sa |

## 111. Várias profissões

| | | |
|---|---|---|
| médico (m) | 의사 | ui-sa |
| enfermeira (f) | 간호사 | gan-ho-sa |
| psiquiatra (m) | 정신과 의사 | jeong-sin-gwa ui-sa |
| dentista (m) | 치과 의사 | chi-gwa ui-sa |
| cirurgião (m) | 외과 의사 | oe-gwa ui-sa |
| | | |
| astronauta (m) | 우주비행사 | u-ju-bi-haeng-sa |
| astrônomo (m) | 천문학자 | cheon-mun-hak-ja |

| | | |
|---|---|---|
| motorista (m) | 운전 기사 | un-jeon gi-sa |
| maquinista (m) | 기관사 | gi-gwan-sa |
| mecânico (m) | 정비공 | jeong-bi-gong |
| | | |
| mineiro (m) | 광부 | gwang-bu |
| operário (m) | 노동자 | no-dong-ja |
| serralheiro (m) | 자물쇠공 | ja-mul-soe-gong |
| marceneiro (m) | 목수 | mok-su |
| torneiro (m) | 선반공 | seon-ban-gong |
| construtor (m) | 공사장 인부 | gong-sa-jang in-bu |
| soldador (m) | 용접공 | yong-jeop-gong |
| | | |
| professor (m) | 교수 | gyo-su |
| arquiteto (m) | 건축가 | geon-chuk-ga |
| historiador (m) | 역사학자 | yeok-sa-hak-ja |
| cientista (m) | 과학자 | gwa-hak-ja |
| físico (m) | 물리학자 | mul-li-hak-ja |
| químico (m) | 화학자 | hwa-hak-ja |
| | | |
| arqueólogo (m) | 고고학자 | go-go-hak-ja |
| geólogo (m) | 지질학자 | ji-jil-hak-ja |
| pesquisador (cientista) | 연구원 | yeon-gu-won |
| | | |
| babysitter, babá (f) | 애기보는 사람 | ae-gi-bo-neun sa-ram |
| professor (m) | 교사 | gyo-sa |
| | | |
| redator (m) | 편집자 | pyeon-jip-ja |
| redator-chefe (m) | 편집장 | pyeon-jip-jang |
| correspondente (m) | 통신원 | tong-sin-won |
| datilógrafa (f) | 타이피스트 | ta-i-pi-seu-teu |
| | | |
| designer (m) | 디자이너 | di-ja-i-neo |
| especialista (m) em informática | 컴퓨터 전문가 | keom-pyu-teo jeon-mun-ga |
| programador (m) | 프로그래머 | peu-ro-geu-rae-meo |
| engenheiro (m) | 엔지니어 | en-ji-ni-eo |
| | | |
| marujo (m) | 선원 | seon-won |
| marinheiro (m) | 수부 | su-bu |
| socorrista (m) | 구조자 | gu-jo-ja |
| | | |
| bombeiro (m) | 소방관 | so-bang-gwan |
| polícia (m) | 경찰관 | gyeong-chal-gwan |
| guarda-noturno (m) | 경비원 | gyeong-bi-won |
| detetive (m) | 형사 | hyeong-sa |
| | | |
| funcionário (m) da alfândega | 세관원 | se-gwan-won |
| guarda-costas (m) | 경호원 | gyeong-ho-won |
| guarda (m) prisional | 간수 | gan-su |
| inspetor (m) | 감독관 | gam-dok-gwan |
| | | |
| esportista (m) | 스포츠맨 | seu-po-cheu-maen |
| treinador (m) | 코치 | ko-chi |
| açougueiro (m) | 정육점 주인 | jeong-yuk-jeom ju-in |
| sapateiro (m) | 구둣방 | gu-dut-bang |
| comerciante (m) | 상인 | sang-in |

| | | |
|---|---|---|
| carregador (m) | 하역부 | ha-yeok-bu |
| estilista (m) | 패션 디자이너 | pae-syeon di-ja-i-neo |
| modelo (f) | 모델 | mo-del |

## 112. Ocupações. Estatuto social

| | | |
|---|---|---|
| estudante (~ de escola) | 남학생 | nam-hak-saeng |
| estudante (~ universitária) | 대학생 | dae-hak-saeng |
| | | |
| filósofo (m) | 철학자 | cheol-hak-ja |
| economista (m) | 경제 학자 | gyeong-je hak-ja |
| inventor (m) | 발명가 | bal-myeong-ga |
| | | |
| desempregado (m) | 실업자 | si-reop-ja |
| aposentado (m) | 은퇴자 | eun-toe-ja |
| espião (m) | 비밀요원 | bi-mi-ryo-won |
| | | |
| preso, prisioneiro (m) | 죄수 | joe-su |
| grevista (m) | 파업자 | pa-eop-ja |
| burocrata (m) | 관료 | gwal-lyo |
| viajante (m) | 여행자 | yeo-haeng-ja |
| | | |
| homossexual (m) | 동성애자 | dong-seong-ae-ja |
| hacker (m) | 해커 | hae-keo |
| | | |
| bandido (m) | 산적 | san-jeok |
| assassino (m) | 살인 청부업자 | sa-rin cheong-bu-eop-ja |
| drogado (m) | 마약 중독자 | ma-yak jung-dok-ja |
| traficante (m) | 마약 밀매자 | ma-yak mil-mae-ja |
| prostituta (f) | 매춘부 | mae-chun-bu |
| cafetão (m) | 포주 | po-ju |
| | | |
| bruxo (m) | 마법사 | ma-beop-sa |
| bruxa (f) | 여자 마법사 | yeo-ja ma-beop-sa |
| pirata (m) | 해적 | hae-jeok |
| escravo (m) | 노예 | no-ye |
| samurai (m) | 사무라이 | sa-mu-ra-i |
| selvagem (m) | 야만인 | ya-man-in |

# Desportos

## 113.  Tipos de desportos. Desportistas

| | | |
|---|---|---|
| esportista (m) | 스포츠맨 | seu-po-cheu-maen |
| tipo (m) de esporte | 스포츠 종류 | seu-po-cheu jong-nyu |
| basquete (m) | 농구 | nong-gu |
| jogador (m) de basquete | 농구 선수 | nong-gu seon-su |
| beisebol (m) | 야구 | ya-gu |
| jogador (m) de beisebol | 야구 선수 | ya-gu seon-su |
| futebol (m) | 축구 | chuk-gu |
| jogador (m) de futebol | 축구 선수 | chuk-gu seon-su |
| goleiro (m) | 골키퍼 | gol-ki-peo |
| hóquei (m) | 하키 | ha-ki |
| jogador (m) de hóquei | 하키 선수 | ha-ki seon-su |
| vôlei (m) | 배구 | bae-gu |
| jogador (m) de vôlei | 배구 선수 | bae-gu seon-su |
| boxe (m) | 권투 | gwon-tu |
| boxeador (m) | 권투 선수 | gwon-tu seon-su |
| luta (f) | 레슬링 | re-seul-ling |
| lutador (m) | 레슬링 선수 | re-seul-ling seon-su |
| caratê (m) | 가라테 | ga-ra-te |
| carateca (m) | 가라테 선수 | ga-ra-te seon-su |
| judô (m) | 유도 | yu-do |
| judoca (m) | 유도 선수 | yu-do seon-su |
| tênis (m) | 테니스 | te-ni-seu |
| tenista (m) | 테니스 선수 | te-ni-seu seon-su |
| natação (f) | 수영 | su-yeong |
| nadador (m) | 수영 선수 | su-yeong seon-su |
| esgrima (f) | 펜싱 | pen-sing |
| esgrimista (m) | 펜싱 선수 | pen-sing seon-su |
| xadrez (m) | 체스 | che-seu |
| jogador (m) de xadrez | 체스 선수 | che-seu seon-su |
| alpinismo (m) | 등산 | deung-san |
| alpinista (m) | 등산가 | deung-san-ga |
| corrida (f) | 달리기 | dal-li-gi |

| | | |
|---|---|---|
| corredor (m) | 달리기 선수 | dal-li-gi seon-su |
| atletismo (m) | 육상 경기 | yuk-sang gyeong-gi |
| atleta (m) | 선수 | seon-su |
| hipismo (m) | 승마 | seung-ma |
| cavaleiro (m) | 승마 선수 | seung-ma seon-su |
| patinação (f) artística | 피겨 스케이팅 | pi-gyeo seu-ke-i-ting |
| patinador (m) | 피겨 스케이팅 선수 | pi-gyeo seu-ke-i-ting seon-su |
| patinadora (f) | 피겨 스케이팅 선수 | pi-gyeo seu-ke-i-ting seon-su |
| halterofilismo (m) | 역도 | yeok-do |
| halterofilista (m) | 역도 선수 | yeok-do seon-su |
| corrida (f) de carros | 자동차 경주 | ja-dong-cha gyeong-ju |
| piloto (m) | 카레이서 | ka-re-i-seo |
| ciclismo (m) | 자전거경기 | ja-jeon-geo-gyeong-gi |
| ciclista (m) | 자전거 선수 | ja-jeon-geo seon-su |
| salto (m) em distância | 멀리뛰기 | meol-li-ttwi-gi |
| salto (m) com vara | 장대 높이뛰기 | jang-dae no-pi-ttwi-gi |
| atleta (m) de saltos | 뛰기선수 | ttwi-gi-seon-su |

## 114. Tipos de desportos. Diversos

| | | |
|---|---|---|
| futebol (m) americano | 미식 축구 | mi-sik chuk-gu |
| badminton (m) | 배드민턴 | bae-deu-min-teon |
| biatlo (m) | 바이애슬론 | ba-i-ae-seul-lon |
| bilhar (m) | 당구 | dang-gu |
| bobsled (m) | 봅슬레이 | bop-seul-le-i |
| musculação (f) | 보디빌딩 | bo-di-bil-ding |
| polo (m) aquático | 수구 | su-gu |
| handebol (m) | 핸드볼 | haen-deu-bol |
| golfe (m) | 골프 | gol-peu |
| remo (m) | 조정 | jo-jeong |
| mergulho (m) | 스쿠버다이빙 | seu-ku-beo-da-i-bing |
| corrida (f) de esqui | 크로스컨트리 스키 | keu-ro-seu-keon-teu-ri seu-ki |
| tênis (m) de mesa | 탁구 | tak-gu |
| vela (f) | 요트타기 | yo-teu-ta-gi |
| rali (m) | 랠리 | rael-li |
| rúgbi (m) | 럭비 | reok-bi |
| snowboard (m) | 스노보드 | seu-no-bo-deu |
| arco-e-flecha (m) | 양궁 | yang-gung |

## 115. Ginásio

| | | |
|---|---|---|
| barra (f) | 역기 | yeok-gi |
| halteres (m pl) | 아령 | a-ryeong |

| | | |
|---|---|---|
| aparelho (m) de musculação | 운동 기구 | un-dong gi-gu |
| bicicleta (f) ergométrica | 헬스자전거 | hel-seu-ja-jeon-geo |
| esteira (f) de corrida | 러닝 머신 | reo-ning meo-sin |
| | | |
| barra (f) fixa | 철봉 | cheol-bong |
| barras (f pl) paralelas | 평행봉 | pyeong-haeng-bong |
| cavalo (m) | 안마 | an-ma |
| tapete (m) de ginástica | 매트 | mae-teu |
| | | |
| aeróbica (f) | 에어로빅 | e-eo-ro-bik |
| ioga, yoga (f) | 요가 | yo-ga |

## 116. Desportos. Diversos

| | | |
|---|---|---|
| Jogos (m pl) Olímpicos | 올림픽 | ol-lim-pik |
| vencedor (m) | 승리자 | seung-ni-ja |
| vencer (vi) | 이기고 있다 | i-gi-go it-da |
| vencer (vi, vt) | 이기다 | i-gi-da |
| | | |
| líder (m) | 선두 | seon-du |
| liderar (vt) | 선두를 달리다 | seon-du-reul dal-li-da |
| | | |
| primeiro lugar (m) | 일등 | il-deung |
| segundo lugar (m) | 준우승 | seu-ko-eo-bo-deu |
| terceiro lugar (m) | 3위 | sam-wi |
| | | |
| medalha (f) | 메달 | me-dal |
| troféu (m) | 트로피 | teu-ro-pi |
| taça (f) | 우승컵 | u-seung-keop |
| prêmio (m) | 상 | sang |
| prêmio (m) principal | 최고 상품 | choe-go sang-pum |
| | | |
| recorde (m) | 기록 | gi-rok |
| estabelecer um recorde | 기록을 세우다 | gi-ro-geul se-u-da |
| | | |
| final (m) | 결승전 | gyeol-seung-jeon |
| final (adj) | 마지막의 | ma-ji-ma-gui |
| | | |
| campeão (m) | 챔피언 | chaem-pi-eon |
| campeonato (m) | 선수권 | seon-su-gwon |
| | | |
| estádio (m) | 경기장 | gyeong-gi-jang |
| arquibancadas (f pl) | 관람석 | gwal-lam-seok |
| fã, torcedor (m) | 서포터 | seo-po-teo |
| adversário (m) | 상대 | sang-dae |
| | | |
| partida (f) | 출발점 | chul-bal-jeom |
| linha (f) de chegada | 결승점 | gyeol-seung-jeom |
| | | |
| derrota (f) | 패배 | pae-bae |
| perder (vt) | 지다 | ji-da |
| | | |
| árbitro, juiz (m) | 심판 | sim-pan |
| júri (m) | 배심원단 | bae-si-mwon-dan |

| | | |
|---|---|---|
| resultado (m) | 점수 | jeom-su |
| empate (m) | 무승부 | mu-seung-bu |
| empatar (vi) | 무승부로 끝나다 | mu-seung-bu-ro kkeun-na-da |
| ponto (m) | 점수 | jeom-su |
| resultado (m) final | 결과 | gyeol-gwa |
| | | |
| intervalo (m) | 하프 타임 | ha-peu ta-im |
| doping (m) | 도핑 | do-ping |
| penalizar (vt) | 처벌하다 | cheo-beol-ha-da |
| desqualificar (vt) | 실격시키다 | sil-gyeok-si-ki-da |
| | | |
| aparelho, aparato (m) | 기구 | gi-gu |
| dardo (m) | 투창 | tu-chang |
| peso (m) | 포환 | po-hwan |
| bola (f) | 공 | gong |
| | | |
| alvo, objetivo (m) | 목표 | mok-pyo |
| alvo (~ de papel) | 과녁 | gwa-nyeok |
| disparar, atirar (vi) | 쏘다 | sso-da |
| preciso (tiro ~) | 정확한 | jeong-hwak-an |
| | | |
| treinador (m) | 코치 | ko-chi |
| treinar (vt) | 훈련하다 | hul-lyeon-ha-da |
| treinar-se (vr) | 훈련하다 | hul-lyeon-ha-da |
| treino (m) | 훈련 | hul-lyeon |
| | | |
| academia (f) de ginástica | 헬스장 | hel-seu-jang |
| exercício (m) | 운동, 연습 | un-dong, yeon-seup |
| aquecimento (m) | 워밍업 | wo-ming-eop |

# Educação

## 117. Escola

| | | |
|---|---|---|
| escola (f) | 학교 | hak-gyo |
| diretor (m) de escola | 교장 | gyo-jang |
| | | |
| aluno (m) | 남학생 | nam-hak-saeng |
| aluna (f) | 여학생 | yeo-hak-saeng |
| estudante (m) | 남학생 | nam-hak-saeng |
| estudante (f) | 여학생 | yeo-hak-saeng |
| | | |
| ensinar (vt) | 가르치다 | ga-reu-chi-da |
| aprender (vt) | 배우다 | bae-u-da |
| decorar (vt) | 암기하다 | am-gi-ha-da |
| | | |
| estudar (vi) | 배우다 | bae-u-da |
| estar na escola | 재학 중이다 | jae-hak jung-i-da |
| ir à escola | 학교에 가다 | hak-gyo-e ga-da |
| | | |
| alfabeto (m) | 알파벳 | al-pa-bet |
| disciplina (f) | 과목 | gwa-mok |
| | | |
| sala (f) de aula | 교실 | gyo-sil |
| lição, aula (f) | 수업 | su-eop |
| recreio (m) | 쉬는 시간 | swi-neun si-gan |
| | | |
| toque (m) | 수업종 | su-eop-jong |
| classe (f) | 학교 책상 | hak-gyo chaek-sang |
| quadro (m) negro | 칠판 | chil-pan |
| | | |
| nota (f) | 성적 | seong-jeok |
| boa nota (f) | 좋은 성적 | jo-eun seong-jeok |
| nota (f) baixa | 나쁜 성적 | na-ppeun seong-jeok |
| dar uma nota | 성적을 매기다 | seong-jeo-geul mae-gi-da |
| | | |
| erro (m) | 실수 | sil-su |
| errar (vi) | 실수하다 | sil-su-ha-da |
| corrigir (~ um erro) | 고치다 | go-chi-da |
| cola (f) | 커닝 페이퍼 | keo-ning pe-i-peo |
| | | |
| dever (m) de casa | 숙제 | suk-je |
| exercício (m) | 연습 문제 | yeon-seup mun-je |
| | | |
| estar presente | 출석하다 | chul-seok-a-da |
| estar ausente | 결석하다 | gyeol-seok-a-da |
| | | |
| punir (vt) | 처벌하다 | cheo-beol-ha-da |
| punição (f) | 벌 | beol |
| comportamento (m) | 처신 | cheo-sin |

| | | |
|---|---|---|
| boletim (m) escolar | 성적표 | seong-jeok-pyo |
| lápis (m) | 연필 | yeon-pil |
| borracha (f) | 지우개 | ji-u-gae |
| giz (m) | 분필 | bun-pil |
| porta-lápis (m) | 필통 | pil-tong |
| | | |
| mala, pasta, mochila (f) | 책가방 | chaek-ga-bang |
| caneta (f) | 펜 | pen |
| caderno (m) | 노트 | no-teu |
| livro (m) didático | 교과서 | gyo-gwa-seo |
| compasso (m) | 컴퍼스 | keom-peo-seu |
| | | |
| traçar (vt) | 제도하다 | je-do-ha-da |
| desenho (m) técnico | 건축 도면 | geon-chuk do-myeon |
| | | |
| poesia (f) | 시 | si |
| de cor | 외워서 | oe-wo-seo |
| decorar (vt) | 암기하다 | am-gi-ha-da |
| | | |
| férias (f pl) | 학교 방학 | bang-hak |
| estar de férias | 방학 중이다 | bang-hak jung-i-da |
| | | |
| teste (m), prova (f) | 필기 시험 | pil-gi si-heom |
| redação (f) | 논술 | non-sul |
| ditado (m) | 받아쓰기 시험 | ba-da-sseu-gi si-heom |
| | | |
| exame (m), prova (f) | 시험 | si-heom |
| fazer prova | 시험을 보다 | si-heo-meul bo-da |
| experiência (~ química) | 실험 | sil-heom |

## 118. Colégio. Universidade

| | | |
|---|---|---|
| academia (f) | 아카데미 | a-ka-de-mi |
| universidade (f) | 대학교 | dae-hak-gyo |
| faculdade (f) | 교수진 | gyo-su-jin |
| | | |
| estudante (m) | 대학생 | dae-hak-saeng |
| estudante (f) | 여대생 | yeo-dae-saeng |
| professor (m) | 강사 | gang-sa |
| | | |
| auditório (m) | 교실 | gyo-sil |
| graduado (m) | 졸업생 | jo-reop-saeng |
| | | |
| diploma (m) | 졸업증 | jo-reop-jeung |
| tese (f) | 학위 논문 | ha-gwi non-mun |
| | | |
| estudo (obra) | 연구 | yeon-gu |
| laboratório (m) | 연구실 | yeon-gu-sil |
| | | |
| palestra (f) | 강의 | gang-ui |
| colega (m) de curso | 대학 동급생 | dae-hak dong-geup-saeng |
| | | |
| bolsa (f) de estudos | 장학금 | jang-hak-geum |
| grau (m) acadêmico | 학위 | ha-gwi |

## 119. Ciências. Disciplinas

| matemática (f) | 수학 | su-hak |
| álgebra (f) | 대수학 | dae-su-hak |
| geometria (f) | 기하학 | gi-ha-hak |

| astronomia (f) | 천문학 | cheon-mun-hak |
| biologia (f) | 생물학 | saeng-mul-hak |
| geografia (f) | 지리학 | ji-ri-hak |
| geologia (f) | 지질학 | ji-jil-hak |
| história (f) | 역사학 | yeok-sa-hak |

| medicina (f) | 의학 | ui-hak |
| pedagogia (f) | 교육학 | gyo-yuk-ak |
| direito (m) | 법학 | beo-pak |

| física (f) | 물리학 | mul-li-hak |
| química (f) | 화학 | hwa-hak |
| filosofia (f) | 철학 | cheol-hak |
| psicologia (f) | 심리학 | sim-ni-hak |

## 120. Sistema de escrita. Ortografia

| gramática (f) | 문법 | mun-beop |
| vocabulário (m) | 어휘 | eo-hwi |
| fonética (f) | 음성학 | eum-seong-hak |

| substantivo (m) | 명사 | myeong-sa |
| adjetivo (m) | 형용사 | hyeong-yong-sa |
| verbo (m) | 동사 | dong-sa |
| advérbio (m) | 부사 | bu-sa |

| pronome (m) | 대명사 | dae-myeong-sa |
| interjeição (f) | 감탄사 | gam-tan-sa |
| preposição (f) | 전치사 | jeon-chi-sa |

| raiz (f) | 어근 | eo-geun |
| terminação (f) | 어미 | eo-mi |
| prefixo (m) | 접두사 | jeop-du-sa |
| sílaba (f) | 음절 | eum-jeol |
| sufixo (m) | 접미사 | jeom-mi-sa |

| acento (m) | 강세 | gang-se |
| apóstrofo (f) | 아포스트로피 | a-po-seu-teu-ro-pi |

| ponto (m) | 마침표 | ma-chim-pyo |
| vírgula (f) | 쉼표 | swim-pyo |
| ponto e vírgula (m) | 세미콜론 | se-mi-kol-lon |
| dois pontos (m pl) | 콜론 | kol-lon |
| reticências (f pl) | 말줄임표 | mal-ju-rim-pyo |

| ponto (m) de interrogação | 물음표 | mu-reum-pyo |
| ponto (m) de exclamação | 느낌표 | neu-kkim-pyo |

| aspas (f pl) | 따옴표 | tta-om-pyo |
| entre aspas | 따옴표 안에 | tta-om-pyo a-ne |
| parênteses (m pl) | 괄호 | gwal-ho |
| entre parênteses | 괄호 속에 | gwal-ho so-ge |

| hífen (m) | 하이픈 | ha-i-peun |
| travessão (m) | 대시 | jul-pyo |
| espaço (m) | 공백 문자 | gong-baek mun-ja |

| letra (f) | 글자 | geul-ja |
| letra (f) maiúscula | 대문자 | dae-mun-ja |

| vogal (f) | 모음 | mo-eum |
| consoante (f) | 자음 | ja-eum |

| frase (f) | 문장 | mun-jang |
| sujeito (m) | 주어 | ju-eo |
| predicado (m) | 서술어 | seo-su-reo |

| linha (f) | 줄 | jul |
| em uma nova linha | 줄을 바꾸어 | ju-reul ba-kku-eo |
| parágrafo (m) | 단락 | dal-lak |

| palavra (f) | 단어 | dan-eo |
| grupo (m) de palavras | 문구 | mun-gu |
| expressão (f) | 표현 | pyo-hyeon |
| sinônimo (m) | 동의어 | dong-ui-eo |
| antônimo (m) | 반의어 | ban-ui-eo |

| regra (f) | 규칙 | gyu-chik |
| exceção (f) | 예외 | ye-oe |
| correto (adj) | 맞는 | man-neun |

| conjugação (f) | 활용 | hwa-ryong |
| declinação (f) | 어형 변화 | eo-hyeong byeon-hwa |
| caso (m) | 격 | gyeok |
| pergunta (f) | 질문 | jil-mun |
| sublinhar (vt) | 밑줄을 긋다 | mit-ju-reul geut-da |
| linha (f) pontilhada | 점선 | jeom-seon |

## 121. Línguas estrangeiras

| língua (f) | 언어 | eon-eo |
| língua (f) estrangeira | 외국어 | oe-gu-geo |
| estudar (vt) | 공부하다 | gong-bu-ha-da |
| aprender (vt) | 배우다 | bae-u-da |

| ler (vt) | 읽다 | ik-da |
| falar (vi) | 말하다 | mal-ha-da |
| entender (vt) | 이해하다 | i-hae-ha-da |
| escrever (vt) | 쓰다 | sseu-da |

| rapidamente | 빨리 | ppal-li |
| devagar, lentamente | 천천히 | cheon-cheon-hi |

| | | |
|---|---|---|
| fluentemente | 유창하게 | yu-chang-ha-ge |
| regras (f pl) | 규칙 | gyu-chik |
| gramática (f) | 문법 | mun-beop |
| vocabulário (m) | 어휘 | eo-hwi |
| fonética (f) | 음성학 | eum-seong-hak |
| | | |
| livro (m) didático | 교과서 | gyo-gwa-seo |
| dicionário (m) | 사전 | sa-jeon |
| manual (m) autodidático | 자습서 | ja-seup-seo |
| guia (m) de conversação | 회화집 | hoe-hwa-jip |
| | | |
| fita (f) cassete | 테이프 | te-i-peu |
| videoteipe (m) | 비디오테이프 | bi-di-o-te-i-peu |
| CD (m) | 씨디 | ssi-di |
| DVD (m) | 디비디 | di-bi-di |
| | | |
| alfabeto (m) | 알파벳 | al-pa-bet |
| soletrar (vt) | … 의 철자이다 | … ui cheol-ja-i-da |
| pronúncia (f) | 발음 | ba-reum |
| | | |
| sotaque (m) | 악센트 | ak-sen-teu |
| com sotaque | 사투리로 | sa-tu-ri-ro |
| sem sotaque | 억양 없이 | eo-gyang eop-si |
| | | |
| palavra (f) | 단어 | dan-eo |
| sentido (m) | 의미 | ui-mi |
| | | |
| curso (m) | 강좌 | gang-jwa |
| inscrever-se (vr) | 등록하다 | deung-nok-a-da |
| professor (m) | 강사 | gang-sa |
| | | |
| tradução (processo) | 번역 | beo-nyeok |
| tradução (texto) | 번역 | beo-nyeok |
| tradutor (m) | 번역가 | beo-nyeok-ga |
| intérprete (m) | 통역가 | tong-yeok-ga |
| | | |
| poliglota (m) | 수개 국어를 말하는 사람 | su-gae gu-geo-reul mal-ha-neun sa-ram |
| | | |
| memória (f) | 기억력 | gi-eong-nyeok |

## 122. Personagens de contos de fadas

| | | |
|---|---|---|
| Papai Noel (m) | 산타클로스 | san-ta-keul-lo-seu |
| sereia (f) | 인어 | in-eo |
| | | |
| bruxo, feiticeiró (m) | 마법사 | ma-beop-sa |
| fada (f) | 요정 | yo-jeong |
| mágico (adj) | 마법의 | ma-beo-bui |
| varinha (f) mágica | 마술 지팡이 | ma-sul ji-pang-i |
| | | |
| conto (m) de fadas | 동화 | dong-hwa |
| milagre (m) | 기적 | gi-jeok |
| anão (m) | 난쟁이 | nan-jaeng-i |
| transformar-se em … | … 으로 변하다 | … eu-ro byeon-ha-da |

| fantasma (m) | 유령 | yu-ryeong |
|---|---|---|
| fantasma (m) | 유령, 귀신 | yu-ryeong, gwi-sin |
| monstro (m) | 괴물 | goe-mul |
| dragão (m) | 용 | yong |
| gigante (m) | 거인 | geo-in |

## 123. Signos do Zodíaco

| Áries (f) | 양자리 | yang-ja-ri |
|---|---|---|
| Touro (m) | 황소자리 | hwang-so-ja-ri |
| Gêmeos (m pl) | 쌍둥이자리 | ssang-dung-i-ja-ri |
| Câncer (m) | 게자리 | ge-ja-ri |
| Leão (m) | 사자자리 | sa-ja-ja-ri |
| Virgem (f) | 처녀자리 | cheo-nyeo-ja-ri |

| Libra (f) | 천칭자리 | cheon-ching-ja-ri |
|---|---|---|
| Escorpião (m) | 전갈자리 | jeon-gal-ja-ri |
| Sagitário (m) | 궁수자리 | gung-su-ja-ri |
| Capricórnio (m) | 염소자리 | yeom-so-ja-ri |
| Aquário (m) | 물병자리 | mul-byeong-ja-ri |
| Peixes (pl) | 물고기자리 | mul-go-gi-ja-ri |

| caráter (m) | 성격 | seong-gyeok |
|---|---|---|
| traços (m pl) do caráter | 성격특성 | seong-gyeok-teuk-seong |
| comportamento (m) | 행동 | haeng-dong |
| prever a sorte | 점치다 | jeom-chi-da |
| adivinha (f) | 점쟁이 | jeom-jaeng-i |
| horóscopo (m) | 천궁도 | cheon-gung-do |

# Artes

## 124. Teatro

| | | |
|---|---|---|
| teatro (m) | 극장 | geuk-jang |
| ópera (f) | 오페라 | o-pe-ra |
| opereta (f) | 오페레타 | o-pe-re-ta |
| balé (m) | 발레 | bal-le |
| | | |
| cartaz (m) | 포스터, 벽보 | po-seu-teo, byeok-bo |
| companhia (f) de teatro | 공연단 | gong-yeon-dan |
| turnê (f) | 순회 | sun-hoe |
| estar em turnê | 투어를 가다 | tu-eo-reul ga-da |
| ensaiar (vt) | 리허설 하다 | ri-heo-seol ha-da |
| ensaio (m) | 리허설 | ri-heo-seol |
| repertório (m) | 레퍼토리 | re-peo-to-ri |
| | | |
| apresentação (f) | 공연 | gong-yeon |
| espetáculo (m) | 연극 공연 | yeon-geuk gong-yeon |
| peça (f) | 연극 | yeon-geuk |
| | | |
| entrada (m) | 표, 입장권 | pyo, ip-jang-gwon |
| bilheteira (f) | 매표소 | mae-pyo-so |
| hall (m) | 로비 | ro-bi |
| vestiário (m) | 휴대품 보관소 | hyu-dae-pum bo-gwan-so |
| senha (f) numerada | 보관소 꼬리표 | bo-gwan-so kko-ri-pyo |
| binóculo (m) | 오페라 글라스 | o-pe-ra geul-la-seu |
| lanterninha (m) | 좌석 안내원 | jwa-seok gan-nae-won |
| | | |
| plateia (f) | 일반 객석 | il-ban gaek-seok |
| balcão (m) | 발코니석 | bal-ko-ni-seok |
| primeiro balcão (m) | 특등석 | teuk-deung-seok |
| camarote (m) | 특별석 | teuk-byeol-seok |
| fila (f) | 열 | yeol |
| assento (m) | 자리 | ja-ri |
| | | |
| público (m) | 청중 | cheong-jung |
| espectador (m) | 관중 | gwan-jung |
| aplaudir (vt) | 박수하다 | bak-su-ha-da |
| aplauso (m) | 박수 | bak-su |
| ovação (f) | 박수 갈채 | bak-su gal-chae |
| | | |
| palco (m) | 무대 | mu-dae |
| cortina (f) | 커튼 | keo-teun |
| cenário (m) | 무대 배경 | mu-dae bae-gyeong |
| bastidores (m pl) | 백스테이지 | baek-seu-te-i-ji |
| | | |
| cena (f) | 장면 | jang-myeon |
| ato (m) | 막 | mak |
| intervalo (m) | 막간 | mak-gan |

## 125. Cinema

| | | |
|---|---|---|
| ator (m) | 배우 | bae-u |
| atriz (f) | 여배우 | yeo-bae-u |
| | | |
| filme (m) | 영화 | yeong-hwa |
| episódio (m) | 부작 | bu-jak |
| | | |
| filme (m) policial | 탐정 영화 | tam-jeong yeong-hwa |
| filme (m) de ação | 액션 영화 | aek-syeon nyeong-hwa |
| filme (m) de aventuras | 모험 영화 | mo-heom myeong-hwa |
| filme (m) de ficção científica | 공상과학영화 | SF yeong-hwa |
| filme (m) de horror | 공포 영화 | gong-po yeong-hwa |
| | | |
| comédia (f) | 코미디 영화 | ko-mi-di yeong-hwa |
| melodrama (m) | 멜로드라마 | mel-lo-deu-ra-ma |
| drama (m) | 드라마 | deu-ra-ma |
| | | |
| filme (m) de ficção | 극영화 | geu-gyeong-hwa |
| documentário (m) | 다큐멘터리 | da-kyu-men-teo-ri |
| desenho (m) animado | 만화영화 | man-hwa-yeong-hwa |
| cinema (m) mudo | 무성영화 | mu-seong-yeong-hwa |
| | | |
| papel (m) | 역할 | yeok-al |
| papel (m) principal | 주역 | ju-yeok |
| representar (vt) | 연기하다 | yeon-gi-ha-da |
| | | |
| estrela (f) de cinema | 영화 스타 | yeong-hwa seu-ta |
| conhecido (adj) | 유명한 | yu-myeong-han |
| famoso (adj) | 유명한 | yu-myeong-han |
| popular (adj) | 인기 있는 | in-gi in-neun |
| | | |
| roteiro (m) | 시나리오 | si-na-ri-o |
| roteirista (m) | 시나리오 작가 | si-na-ri-o jak-ga |
| diretor (m) de cinema | 영화감독 | yeong-hwa-gam-dok |
| produtor (m) | 제작자 | je-jak-ja |
| assistente (m) | 보조자 | bo-jo-ja |
| diretor (m) de fotografia | 카메라맨 | ka-me-ra-maen |
| dublê (m) | 스턴트 맨 | seu-teon-teu maen |
| | | |
| filmar (vt) | 영화를 촬영하다 | yeong-hwa-reul chwa-ryeong-ha-da |
| | | |
| audição (f) | 오디션 | o-di-syeon |
| filmagem (f) | 촬영 | chwa-ryeong |
| equipe (f) de filmagem | 영화 제작팀 | yeong-hwa je-jak-tim |
| set (m) de filmagem | 영화 세트 | yeong-hwa se-teu |
| câmera (f) | 카메라 | ka-me-ra |
| | | |
| cinema (m) | 영화관 | yeong-hwa-gwan |
| tela (f) | 스크린 | seu-keu-rin |
| exibir um filme | 영화를 상영하다 | yeong-hwa-reul sang-yeong-ha-da |
| | | |
| trilha (f) sonora | 사운드트랙 | sa-un-deu-teu-raek |
| efeitos (m pl) especiais | 특수 효과 | teuk-su hyo-gwa |

| legendas (f pl) | 자막 | ja-mak |
| crédito (m) | 엔딩 크레딧 | en-ding keu-re-dit |
| tradução (f) | 번역 | beo-nyeok |

## 126. Pintura

| arte (f) | 예술 | ye-sul |
| belas-artes (f pl) | 미술 | mi-sul |
| galeria (f) de arte | 미술관 | mi-sul-gwan |
| exibição (f) de arte | 미술 전시회 | mi-sul jeon-si-hoe |

| pintura (f) | 회화 | hoe-hwa |
| arte (f) gráfica | 그래픽 아트 | geu-rae-pik ga-teu |
| arte (f) abstrata | 추상파 | chu-sang-pa |
| impressionismo (m) | 인상파 | in-sang-pa |

| pintura (f), quadro (m) | 그림 | geu-rim |
| desenho (m) | 선화 | seon-hwa |
| cartaz, pôster (m) | 포스터 | po-seu-teo |

| ilustração (f) | 삽화 | sa-pwa |
| miniatura (f) | 세밀화 | se-mil-hwa |
| cópia (f) | 복제품 | bok-je-pum |
| reprodução (f) | 복사 | bok-sa |

| mosaico (m) | 모자이크 | mo-ja-i-keu |
| vitral (m) | 스테인드 글라스 | seu-te-in-deu geul-la-seu |
| afresco (m) | 프레스코화 | peu-re-seu-ko-hwa |
| gravura (f) | 판화 | pan-hwa |

| busto (m) | 흉상 | hyung-sang |
| escultura (f) | 조각 | jo-gak |
| estátua (f) | 조상 | jo-sang |
| gesso (m) | 석고 | seok-go |
| em gesso (adj) | 석고의 | seok-go-ui |

| retrato (m) | 초상화 | cho-sang-hwa |
| autorretrato (m) | 자화상 | ja-hwa-sang |
| paisagem (f) | 풍경화 | pung-gyeong-hwa |
| natureza (f) morta | 정물화 | jeong-mul-hwa |
| caricatura (f) | 캐리커처 | kae-ri-keo-cheo |

| tinta (f) | 물감 | mul-gam |
| aquarela (f) | 수채 물감 | su-chae mul-gam |
| tinta (f) a óleo | 유화 물감 | yu-hwa mul-gam |
| lápis (m) | 연필 | yeon-pil |
| tinta (f) nanquim | 먹물 | meong-mul |
| carvão (m) | 목탄 | mok-tan |

| desenhar (vt) | 그리다 | geu-ri-da |
| pintar (vt) | 그리다 | geu-ri-da |

| posar (vi) | 포즈를 취하다 | po-jeu-reul chwi-ha-da |
| modelo (m) | 화가의 모델 | hwa-ga-ui mo-del |

| | | |
|---|---|---|
| modelo (f) | 화가의 모델 | hwa-ga-ui mo-del |
| pintor (m) | 화가 | hwa-ga |
| obra (f) | 미술 작품 | mi-sul jak-pum |
| obra-prima (f) | 걸작 | geol-jak |
| estúdio (m) | 작업실 | ja-geop-sil |
| | | |
| tela (f) | 캔버스 | kaen-beo-seu |
| cavalete (m) | 이젤 | i-jel |
| paleta (f) | 팔레트 | pal-le-teu |
| | | |
| moldura (f) | 액자 | aek-ja |
| restauração (f) | 복원 | bo-gwon |
| restaurar (vt) | 복원하다 | bo-gwon-ha-da |

## 127. Literatura & Poesia

| | | |
|---|---|---|
| literatura (f) | 문학 | mun-hak |
| autor (m) | 작가 | jak-ga |
| pseudônimo (m) | 필명 | pil-myeong |
| | | |
| livro (m) | 책 | chaek |
| volume (m) | 권 | gwon |
| índice (m) | 목차 | mok-cha |
| página (f) | 페이지 | pe-i-ji |
| protagonista (m) | 주인공 | ju-in-gong |
| autógrafo (m) | 사인 | sa-in |
| | | |
| conto (m) | 단편 소설 | dan-pyeon so-seol |
| novela (f) | 소설 | so-seol |
| romance (m) | 장편 소설 | jang-pyeon so-seol |
| obra (f) | 작품 | jak-pum |
| fábula (m) | 우화 | u-hwa |
| romance (m) policial | 추리 소설 | chu-ri so-seol |
| | | |
| verso (m) | 시 | si |
| poesia (f) | 시 | si |
| poema (m) | 서사시 | seo-sa-si |
| poeta (m) | 시인 | si-in |
| | | |
| ficção (f) | 픽션 | pik-syeon |
| ficção (f) científica | 공상과학소설 | gong-sang-gwa-hak-so-seol |
| aventuras (f pl) | 모험 소설 | mo-heom so-seol |
| literatura (f) didática | 교육 문학 | gyo-yuk mun-hak |
| literatura (f) infantil | 아동 문학 | a-dong mun-hak |

## 128. Circo

| | | |
|---|---|---|
| circo (m) | 서커스 | seo-keo-seu |
| circo (m) ambulante | 순회 서커스 | sun-hoe seo-keo-seu |
| programa (m) | 프로그램 | peu-ro-geu-raem |
| apresentação (f) | 공연 | gong-yeon |
| número (m) | 공연 | gong-yeon |

| picadeiro (f) | 무대 | mu-dae |
| pantomima (f) | 판토마임 | pan-to-ma-im |
| palhaço (m) | 어릿광대 | eo-rit-gwang-dae |

| acrobata (m) | 곡예사 | go-gye-sa |
| acrobacia (f) | 곡예 | go-gye |
| ginasta (m) | 체조선수 | che-jo-seon-su |
| ginástica (f) | 체조 | che-jo |
| salto (m) mortal | 공중제비 | gong-jung-je-bi |

| homem (m) forte | 힘 자랑하는 사나이 | him ja-rang-ha-neun sa-na-i |
| domador (m) | 조련사 | jo-ryeon-sa |
| cavaleiro (m) equilibrista | 곡마사 | gong-ma-sa |
| assistente (m) | 조수 | jo-su |

| truque (m) | 묘기 | myo-gi |
| truque (m) de mágica | 마술 | ma-sul |
| ilusionista (m) | 마술사 | ma-sul-sa |

| malabarista (m) | 저글러 | jeo-geul-leo |
| fazer malabarismos | 저글링 하다 | jeo-geul-ling ha-da |
| adestrador (m) | 조련사 | jo-ryeon-sa |
| adestramento (m) | 조련 | jo-ryeon |
| adestrar (vt) | 가르치다 | ga-reu-chi-da |

## 129. Música. Música popular

| música (f) | 음악 | eum-ak |
| músico (m) | 음악가 | eum-ak-ga |
| instrumento (m) musical | 악기 | ak-gi |
| tocar ... | ··· 을 연주하다 | ... eul ryeon-ju-ha-da |

| guitarra (f) | 기타 | gi-ta |
| violino (m) | 바이올린 | ba-i-ol-lin |
| violoncelo (m) | 첼로 | chel-lo |
| contrabaixo (m) | 콘트라베이스 | kon-teu-ra-be-i-seu |
| harpa (f) | 하프 | ha-peu |

| piano (m) | 피아노 | pi-a-no |
| piano (m) de cauda | 그랜드 피아노 | geu-raen-deu pi-a-no |
| órgão (m) | 오르간 | o-reu-gan |

| instrumentos (m pl) de sopro | 관악기 | gwan-ak-gi |
| oboé (m) | 오보에 | o-bo-e |
| saxofone (m) | 색소폰 | saek-so-pon |
| clarinete (m) | 클라리넷 | keul-la-ri-net |
| flauta (f) | 플루트 | peul-lu-teu |
| trompete (m) | 트럼펫 | teu-reom-pet |

| acordeão (m) | 아코디언 | a-ko-di-eon |
| tambor (m) | 북 | buk |

| dueto (m) | 이중주 | i-jung-ju |
| trio (m) | 삼중주 | sam-jung-ju |

| | | |
|---|---|---|
| quarteto (m) | 사중주 | sa-jung-ju |
| coro (m) | 합창단 | hap-chang-dan |
| orquestra (f) | 오케스트라 | o-ke-seu-teu-ra |
| | | |
| música (f) pop | 대중 음악 | dae-jung eum-ak |
| música (f) rock | 록 음악 | rok geu-mak |
| grupo (m) de rock | 록 그룹 | rok geu-rup |
| jazz (m) | 재즈 | jae-jeu |
| | | |
| ídolo (m) | 아이돌 | a-i-dol |
| fã, admirador (m) | 팬 | paen |
| | | |
| concerto (m) | 콘서트 | kon-seo-teu |
| sinfonia (f) | 교향곡 | gyo-hyang-gok |
| composição (f) | 작품 | jak-pum |
| compor (vt) | 작곡하다 | jak-gok-a-da |
| | | |
| canto (m) | 노래 | no-rae |
| canção (f) | 노래 | no-rae |
| melodia (f) | 멜로디 | mel-lo-di |
| ritmo (m) | 리듬 | ri-deum |
| blues (m) | 블루스 | beul-lu-seu |
| | | |
| notas (f pl) | 악보 | ak-bo |
| batuta (f) | 지휘봉 | ji-hwi-bong |
| arco (m) | 활 | hwal |
| corda (f) | 현 | hyeon |
| estojo (m) | 케이스 | ke-i-seu |

# Descanso. Entretenimento. Viagens

## 130. Viagens

| | | |
|---|---|---|
| turismo (m) | 관광 | gwan-gwang |
| turista (m) | 관광객 | gwan-gwang-gaek |
| viagem (f) | 여행 | yeo-haeng |
| aventura (f) | 모험 | mo-heom |
| percurso (curta viagem) | 여행 | yeo-haeng |
| | | |
| férias (f pl) | 휴가 | hyu-ga |
| estar de férias | 휴가 중이다 | hyu-ga jung-i-da |
| descanso (m) | 휴양 | hyu-yang |
| | | |
| trem (m) | 기차 | gi-cha |
| de trem (chegar ~) | 기차로 | gi-cha-ro |
| avião (m) | 비행기 | bi-haeng-gi |
| de avião | 비행기로 | bi-haeng-gi-ro |
| de carro | 자동차로 | ja-dong-cha-ro |
| de navio | 배로 | bae-ro |
| | | |
| bagagem (f) | 짐, 수하물 | jim, su-ha-mul |
| mala (f) | 여행 가방 | yeo-haeng ga-bang |
| carrinho (m) | 수하물 카트 | su-ha-mul ka-teu |
| | | |
| passaporte (m) | 여권 | yeo-gwon |
| visto (m) | 비자 | bi-ja |
| passagem (f) | 표 | pyo |
| passagem (f) aérea | 비행기표 | bi-haeng-gi-pyo |
| | | |
| guia (m) de viagem | 여행 안내서 | yeo-haeng an-nae-seo |
| mapa (m) | 지도 | ji-do |
| área (f) | 지역 | ji-yeok |
| lugar (m) | 곳 | got |
| | | |
| exotismo (m) | 이국 | i-guk |
| exótico (adj) | 이국적인 | i-guk-jeo-gin |
| surpreendente (adj) | 놀라운 | nol-la-un |
| | | |
| grupo (m) | 무리 | mu-ri |
| excursão (f) | 견학, 관광 | gyeon-hak, gwan-gwang |
| guia (m) | 가이드 | ga-i-deu |

## 131. Hotel

| | | |
|---|---|---|
| hotel (m), hospedaria (f) | 호텔 | ho-tel |
| motel (m) | 모텔 | mo-tel |
| três estrelas | 3성급 | sam-seong-geub |

| cinco estrelas | 5성급 | o-seong-geub |
| ficar (vi, vt) | 머무르다 | meo-mu-reu-da |

| quarto (m) | 객실 | gaek-sil |
| quarto (m) individual | 일인실 | i-rin-sil |
| quarto (m) duplo | 더블룸 | deo-beul-lum |
| reservar um quarto | 방을 예약하다 | bang-eul rye-yak-a-da |

| meia pensão (f) | 하숙 | ha-suk |
| pensão (f) completa | 식사 제공 | sik-sa je-gong |

| com banheira | 욕조가 있는 | yok-jo-ga in-neun |
| com chuveiro | 샤워가 있는 | sya-wo-ga in-neun |
| televisão (m) por satélite | 위성 텔레비전 | wi-seong tel-le-bi-jeon |
| ar (m) condicionado | 에어컨 | e-eo-keon |
| toalha (f) | 수건 | su-geon |
| chave (f) | 열쇠 | yeol-soe |

| administrador (m) | 관리자 | gwal-li-ja |
| camareira (f) | 객실 청소부 | gaek-sil cheong-so-bu |
| bagageiro (m) | 포터 | po-teo |
| porteiro (m) | 도어맨 | do-eo-maen |

| restaurante (m) | 레스토랑 | re-seu-to-rang |
| bar (m) | 바 | ba |
| café (m) da manhã | 아침식사 | a-chim-sik-sa |
| jantar (m) | 저녁식사 | jeo-nyeok-sik-sa |
| bufê (m) | 뷔페 | bwi-pe |

| saguão (m) | 로비 | ro-bi |
| elevador (m) | 엘리베이터 | el-li-be-i-teo |

| NÃO PERTURBE | 방해하지 마세요 | bang-hae-ha-ji ma-se-yo |
| PROIBIDO FUMAR! | 금연 | geu-myeon |

## 132. Livros. Leitura

| livro (m) | 책 | chaek |
| autor (m) | 저자 | jeo-ja |
| escritor (m) | 작가 | jak-ga |
| escrever (~ um livro) | 쓰다 | sseu-da |

| leitor (m) | 독자 | dok-ja |
| ler (vt) | 읽다 | ik-da |
| leitura (f) | 독서 | dok-seo |

| para si | 묵독 (~을 하다) | muk-dok |
| em voz alta | 큰소리로 | keun-so-ri-ro |

| publicar (vt) | 발행하다 | bal-haeng-ha-da |
| publicação (f) | 발행 | bal-haeng |
| editor (m) | 출판인 | chul-pan-in |
| editora (f) | 출판사 | chul-pan-sa |
| sair (vi) | 출간되다 | chul-gan-doe-da |

| lançamento (m) | 발표 | bal-pyo |
| tiragem (f) | 인쇄 부수 | in-swae bu-su |

| livraria (f) | 서점 | seo-jeom |
| biblioteca (f) | 도서관 | do-seo-gwan |

| novela (f) | 소설 | so-seol |
| conto (m) | 단편 소설 | dan-pyeon so-seol |
| romance (m) | 장편 소설 | jang-pyeon so-seol |
| romance (m) policial | 추리 소설 | chu-ri so-seol |

| memórias (f pl) | 회상록 | hoe-sang-nok |
| lenda (f) | 전설 | jeon-seol |
| mito (m) | 신화 | sin-hwa |

| poesia (f) | 시 | si |
| autobiografia (f) | 자서전 | ja-seo-jeon |
| obras (f pl) escolhidas | 선집 | seon-jip |
| ficção (f) científica | 공상과학소설 | gong-sang-gwa-hak-so-seol |

| título (m) | 제목 | je-mok |
| introdução (f) | 서문 | seo-mun |
| folha (f) de rosto | 속표지 | sok-pyo-ji |

| capítulo (m) | 장 | jang |
| excerto (m) | 발췌 | bal-chwe |
| episódio (m) | 장면 | jang-myeon |

| enredo (m) | 줄거리 | jul-geo-ri |
| conteúdo (m) | 내용 | nae-yong |
| índice (m) | 목차 | mok-cha |
| protagonista (m) | 주인공 | ju-in-gong |

| volume (m) | 권 | gwon |
| capa (f) | 표지 | pyo-ji |
| encadernação (f) | 장정 | jang-jeong |
| marcador (m) de página | 서표 | seo-pyo |

| página (f) | 페이지 | pe-i-ji |
| folhear (vt) | 페이지를 넘기다 | pe-i-ji-reul leom-gi-da |
| margem (f) | 여백 | yeo-baek |
| anotação (f) | 주석 | ju-seok |
| nota (f) de rodapé | 각주 | gak-ju |

| texto (m) | 본문 | bon-mun |
| fonte (f) | 활자, 서체 | hwal-ja, seo-che |
| falha (f) de impressão | 오타 | o-ta |

| tradução (f) | 번역 | beo-nyeok |
| traduzir (vt) | 번역하다 | beo-nyeok-a-da |
| original (m) | 원본 | won-bon |

| famoso (adj) | 유명한 | yu-myeong-han |
| desconhecido (adj) | 잘 알려지지 않은 | jal ral-lyeo-ji-ji a-neun |
| interessante (adj) | 재미있는 | jae-mi-in-neun |
| best-seller (m) | 베스트셀러 | be-seu-teu-sel-leo |

| dicionário (m) | 사전 | sa-jeon |
| livro (m) didático | 교과서 | gyo-gwa-seo |
| enciclopédia (f) | 백과사전 | baek-gwa-sa-jeon |

## 133. Caça. Pesca

| caça (f) | 사냥 | sa-nyang |
| caçar (vi) | 사냥하다 | sa-nyang-ha-da |
| caçador (m) | 사냥꾼 | sa-nyang-kkun |

| disparar, atirar (vi) | 쏘다 | sso-da |
| rifle (m) | 장총 | jang-chong |
| cartucho (m) | 탄환 | tan-hwan |
| chumbo (m) de caça | 산탄 | san-tan |

| armadilha (f) | 덫 | deot |
| armadilha (com corda) | 덫 | deot |
| pôr a armadilha | 덫을 놓다 | deo-cheul lo-ta |

| caçador (m) furtivo | 밀렵자 | mil-lyeop-ja |
| caça (animais) | 사냥감 | sa-nyang-gam |
| cão (m) de caça | 사냥개 | sa-nyang-gae |

| safári (m) | 사파리 | sa-pa-ri |
| animal (m) empalhado | 박제 | bak-je |

| pescador (m) | 낚시꾼 | nak-si-kkun |
| pesca (f) | 낚시 | nak-si |
| pescar (vt) | 낚시질하다 | nak-si-jil-ha-da |

| vara (f) de pesca | 낚싯대 | nak-sit-dae |
| linha (f) de pesca | 낚싯줄 | nak-sit-jul |
| anzol (m) | 바늘 | ba-neul |

| boia (f), flutuador (m) | 찌 | jji |
| isca (f) | 미끼 | mi-kki |

| lançar a linha | 낚싯줄을 던지다 | nak-sit-ju-reul deon-ji-da |
| morder (peixe) | 미끼를 물다 | mi-kki-reul mul-da |

| pesca (f) | 어획고 | eo-hoek-go |
| buraco (m) no gelo | 얼음구멍 | eo-reum-gu-meong |

| rede (f) | 그물 | geu-mul |
| barco (m) | 보트 | bo-teu |
| pescar com rede | 그물로 잡다 | geu-mul-lo jap-da |

| lançar a rede | 그물을 던지다 | geu-mu-reul deon-ji-da |
| puxar a rede | 그물을 끌어당기다 | geu-mu-reul kkeu-reo-dang-gi-da |

| baleeiro (m) | 포경선원 | po-gyeong-seon-won |
| baleeira (f) | 포경선 | po-gyeong-seon |
| arpão (m) | 작살 | jak-sal |

## 134. Jogos. Bilhar

| | | |
|---|---|---|
| bilhar (m) | 당구 | dang-gu |
| sala (f) de bilhar | 당구장 | dang-gu-jang |
| bola (f) de bilhar | 공 | gong |
| embolsar uma bola | 공을 넣다 | gong-eul leo-ta |
| taco (m) | 큐 | kyu |
| caçapa (f) | 구멍 | gu-meong |

## 135. Jogos. Jogar cartas

| | | |
|---|---|---|
| ouros (m pl) | 스페이드 | seu-pe-i-deu |
| espadas (f pl) | 스페이드 | seu-pe-i-deu |
| copas (f pl) | 하트 | ha-teu |
| paus (m pl) | 클럽 | keul-leop |
| ás (m) | 에이스 | e-i-seu |
| rei (m) | 왕 | wang |
| dama (f), rainha (f) | 퀸 | kwin |
| valete (m) | 잭 | jaek |
| carta (f) de jogar | 카드 | ka-deu |
| cartas (f pl) | 카드 | ka-deu |
| trunfo (m) | 으뜸패 | eu-tteum-pae |
| baralho (m) | 카드 한 벌 | ka-deu han beol |
| dar, distribuir (vt) | 돌리다 | dol-li-da |
| embaralhar (vt) | 카드를 섞다 | ka-deu-reul seok-da |
| vez, jogada (f) | 차례 | cha-rye |
| trapaceiro (m) | 카드 판의 사기꾼 | ka-deu pan-ui sa-gi-kkun |

## 136. Descanso. Jogos. Diversos

| | | |
|---|---|---|
| passear (vi) | 산책하다 | san-chaek-a-da |
| passeio (m) | 산책 | san-chaek |
| viagem (f) de carro | 드라이브 | deu-ra-i-beu |
| aventura (f) | 모험 | mo-heom |
| piquenique (m) | 소풍, 피크닉 | so-pung, pi-keu-nik |
| jogo (m) | 게임 | ge-im |
| jogador (m) | 선수 | seon-su |
| partida (f) | 게임 | ge-im |
| colecionador (m) | 수집가 | su-jip-ga |
| colecionar (vt) | 수집하다 | su-ji-pa-da |
| coleção (f) | 수집 | su-jip |
| palavras (f pl) cruzadas | 크로스워드 | keu-ro-seu-wo-deu |
| hipódromo (m) | 경마장 | gyeong-ma-jang |
| discoteca (f) | 클럽 | keul-leop |

| | | |
|---|---|---|
| sauna (f) | 사우나 | sa-u-na |
| loteria (f) | 복권 | bok-gwon |
| | | |
| campismo (m) | 캠핑 | kaem-ping |
| acampamento (m) | 캠프 | kaem-peu |
| barraca (f) | 텐트 | ten-teu |
| bússola (f) | 나침반 | na-chim-ban |
| campista (m) | 야영객 | ya-yeong-gaek |
| | | |
| ver (vt), assistir à ... | 시청하다 | si-cheong-ha-da |
| telespectador (m) | 시청자 | si-cheong-ja |
| programa (m) de TV | 방송 프로그램 | bang-song peu-ro-geu-raem |

## 137. Fotografia

| | | |
|---|---|---|
| máquina (f) fotográfica | 카메라 | ka-me-ra |
| foto, fotografia (f) | 사진 | sa-jin |
| | | |
| fotógrafo (m) | 사진 작가 | sa-jin jak-ga |
| estúdio (m) fotográfico | 사진관 | sa-jin-gwan |
| álbum (m) de fotografias | 사진 앨범 | sa-jin ael-beom |
| | | |
| lente (f) fotográfica | 카메라 렌즈 | ka-me-ra ren-jeu |
| lente (f) teleobjetiva | 망원 렌즈 | mang-won len-jeu |
| filtro (m) | 필터 | pil-teo |
| lente (f) | 렌즈 | ren-jeu |
| | | |
| ótica (f) | 렌즈 | ren-jeu |
| abertura (f) | 조리개 | jo-ri-gae |
| exposição (f) | 셔터 속도 | syeo-teo sok-do |
| visor (m) | 파인더 | pa-in-deo |
| | | |
| câmera (f) digital | 디지털 카메라 | di-ji-teol ka-me-ra |
| tripé (m) | 삼각대 | sam-gak-dae |
| flash (m) | 플래시 | peul-lae-si |
| | | |
| fotografar (vt) | 사진을 찍다 | sa-ji-neul jjik-da |
| tirar fotos | 사진을 찍다 | sa-ji-neul jjik-da |
| fotografar-se (vr) | 사진을 찍다 | sa-ji-neul jjik-da |
| | | |
| foco (m) | 포커스 | po-keo-seu |
| focar (vt) | 초점을 맞추다 | cho-jeo-meul mat-chu-da |
| | | |
| nítido (adj) | 선명한 | seon-myeong-han |
| nitidez (f) | 선명성 | seon-myeong-seong |
| | | |
| contraste (m) | 대비 | dae-bi |
| contrastante (adj) | 대비의 | dae-bi-ui |
| | | |
| retrato (m) | 사진 | sa-jin |
| negativo (m) | 음화 | eum-hwa |
| filme (m) | 사진 필름 | sa-jin pil-leum |
| fotograma (m) | 한 장면 | han jang-myeon |
| imprimir (vt) | 인화하다 | in-hwa-ha-da |

## 138. Praia. Natação

| | | |
|---|---|---|
| praia (f) | 해변, 바닷가 | hae-byeon, ba-dat-ga |
| areia (f) | 모래 | mo-rae |
| deserto (adj) | 황량한 | hwang-nyang-han |
| bronzeado (m) | 선탠 | seon-taen |
| bronzear-se (vr) | 선탠을 하다 | seon-tae-neul ha-da |
| bronzeado (adj) | 햇볕에 탄 | haet-byeo-te tan |
| protetor (m) solar | 자외선 차단제 | ja-oe-seon cha-dan-je |
| biquíni (m) | 비키니 | bi-ki-ni |
| maiô (m) | 수영복 | su-yeong-bok |
| calção (m) de banho | 수영복 | su-yeong-bok |
| piscina (f) | 수영장 | su-yeong-jang |
| nadar (vi) | 수영하다 | su-yeong-ha-da |
| chuveiro (m), ducha (f) | 샤워 | sya-wo |
| mudar, trocar (vt) | 옷을 갈아입다 | os-eul ga-ra-ip-da |
| toalha (f) | 수건 | su-geon |
| barco (m) | 보트 | bo-teu |
| lancha (f) | 모터보트 | mo-teo-bo-teu |
| esqui (m) aquático | 수상 스키 | su-sang seu-ki |
| barco (m) de pedais | 수상 자전거 | su-sang ja-jeon-geo |
| surf, surfe (m) | 서핑 | seo-ping |
| surfista (m) | 서퍼 | seo-peo |
| equipamento (m) de mergulho | 스쿠버 장비 | seu-ku-beo jang-bi |
| pé (m pl) de pato | 오리발 | o-ri-bal |
| máscara (f) | 잠수마스크 | jam-su-ma-seu-keu |
| mergulhador (m) | 잠수부 | jam-su-bu |
| mergulhar (vi) | 잠수하다 | jam-su-ha-da |
| debaixo d'água | 수중 | su-jung |
| guarda-sol (m) | 파라솔 | pa-ra-sol |
| espreguiçadeira (f) | 선베드 | seon-be-deu |
| óculos (m pl) de sol | 선글라스 | seon-geul-la-seu |
| colchão (m) de ar | 에어 매트 | e-eo mae-teu |
| brincar (vi) | 놀다 | nol-da |
| ir nadar | 수영하다 | su-yeong-ha-da |
| bola (f) de praia | 비치볼 | bi-chi-bol |
| encher (vt) | 부풀리다 | bu-pul-li-da |
| inflável (adj) | 부풀릴 수 있는 | bu-pul-lil su in-neun |
| onda (f) | 파도 | pa-do |
| boia (f) | 부표 | bu-pyo |
| afogar-se (vr) | 익사하다 | ik-sa-ha-da |
| salvar (vt) | 구조하다 | gu-jo-ha-da |
| colete (m) salva-vidas | 구명조끼 | gu-myeong-jo-kki |
| observar (vt) | 지켜보다 | ji-kyeo-bo-da |
| salva-vidas (pessoa) | 구조원 | gu-jo-won |

# EQUIPAMENTO TÉCNICO. TRANSPORTES

## Equipamento técnico. Transportes

### 139. Computador

| | | |
|---|---|---|
| computador (m) | 컴퓨터 | keom-pyu-teo |
| computador (m) portátil | 노트북 | no-teu-buk |
| | | |
| ligar (vt) | 켜다 | kyeo-da |
| desligar (vt) | 끄다 | kkeu-da |
| | | |
| teclado (m) | 키보드 | ki-bo-deu |
| tecla (f) | 키 | ki |
| mouse (m) | 마우스 | ma-u-seu |
| tapete (m) para mouse | 마우스 패드 | ma-u-seu pae-deu |
| | | |
| botão (m) | 버튼 | beo-teun |
| cursor (m) | 커서 | keo-seo |
| | | |
| monitor (m) | 모니터 | mo-ni-teo |
| tela (f) | 화면, 스크린 | hwa-myeon |
| | | |
| disco (m) rígido | 하드 디스크 | ha-deu di-seu-keu |
| capacidade (f) do disco rígido | 하드 디스크 용량 | ha-deu di-seu-keu yong-nyang |
| | | |
| memória (f) | 메모리 | me-mo-ri |
| memória RAM (f) | 램 | raem |
| | | |
| arquivo (m) | 파일 | pa-il |
| pasta (f) | 폴더 | pol-deo |
| abrir (vt) | 열다 | yeol-da |
| fechar (vt) | 닫다 | dat-da |
| | | |
| salvar (vt) | 저장하다 | jeo-jang-ha-da |
| deletar (vt) | 삭제하다 | sak-je-ha-da |
| copiar (vt) | 복사하다 | bok-sa-ha-da |
| ordenar (vt) | 정렬하다 | jeong-nyeol-ha-da |
| copiar (vt) | 전송하다 | jeon-song-ha-da |
| | | |
| programa (m) | 프로그램 | peu-ro-geu-raem |
| software (m) | 소프트웨어 | so-peu-teu-we-eo |
| programador (m) | 프로그래머 | peu-ro-geu-rae-meo |
| programar (vt) | 프로그램을 작성하다 | peu-ro-geu-rae-meul jak-seong-ha-da |
| | | |
| hacker (m) | 해커 | hae-keo |
| senha (f) | 비밀번호 | bi-mil-beon-ho |
| vírus (m) | 바이러스 | ba-i-reo-seu |

| detectar (vt) | 발견하다 | bal-gyeon-ha-da |
| byte (m) | 바이트 | ba-i-teu |
| megabyte (m) | 메가바이트 | me-ga-ba-i-teu |

| dados (m pl) | 데이터 | de-i-teo |
| base (f) de dados | 데이터베이스 | de-i-teo-be-i-seu |

| cabo (m) | 케이블 | ke-i-beul |
| desconectar (vt) | 연결해제하다 | yeon-gyeol-hae-je-ha-da |
| conectar (vt) | 연결하다 | yeon-gyeol-ha-da |

## 140. Internet. E-mail

| internet (f) | 인터넷 | in-teo-net |
| browser (m) | 브라우저 | beu-ra-u-jeo |
| motor (m) de busca | 검색 엔진 | geom-saek gen-jin |
| provedor (m) | 인터넷 서비스 제공자 | in-teo-net seo-bi-seu je-gong-ja |

| webmaster (m) | 웹마스터 | wem-ma-seu-teo |
| website (m) | 웹사이트 | wep-sa-i-teu |
| web page (f) | 웹페이지 | wep-pe-i-ji |

| endereço (m) | 주소 | ju-so |
| livro (m) de endereços | 주소록 | ju-so-rok |

| caixa (f) de correio | 우편함 | u-pyeon-ham |
| correio (m) | 메일 | me-il |

| mensagem (f) | 메시지 | me-si-ji |
| remetente (m) | 발송인 | bal-song-in |
| enviar (vt) | 보내다 | bo-nae-da |
| envio (m) | 발송 | bal-song |
| destinatário (m) | 수신인 | su-sin-in |
| receber (vt) | 받다 | bat-da |

| correspondência (f) | 서신 교환 | seo-sin gyo-hwan |
| corresponder-se (vr) | 편지를 주고 받다 | pyeon-ji-reul ju-go bat-da |

| arquivo (m) | 파일 | pa-il |
| fazer download, baixar (vt) | 다운받다 | da-un-bat-da |
| criar (vt) | 창조하다 | chang-jo-ha-da |
| deletar (vt) | 삭제하다 | sak-je-ha-da |
| deletado (adj) | 삭제된 | sak-je-doen |

| conexão (f) | 연결 | yeon-gyeol |
| velocidade (f) | 속도 | sok-do |
| acesso (m) | 접속 | jeop-sok |
| porta (f) | 포트 | po-teu |

| conexão (f) | 연결 | yeon-gyeol |
| conectar (vi) | … 에 연결하다 | … e yeon-gyeol-ha-da |
| escolher (vt) | 선택하다 | seon-taek-a-da |
| buscar (vt) | … 를 검색하다 | … reul geom-saek-a-da |

# Transportes

## 141. Avião

| | | |
|---|---|---|
| avião (m) | 비행기 | bi-haeng-gi |
| passagem (f) aérea | 비행기표 | bi-haeng-gi-pyo |
| companhia (f) aérea | 항공사 | hang-gong-sa |
| aeroporto (m) | 공항 | gong-hang |
| supersônico (adj) | 초음속의 | cho-eum-so-gui |
| | | |
| piloto (m) | 비행사 | bi-haeng-sa |
| aeromoça (f) | 승무원 | seung-mu-won |
| copiloto (m) | 항법사 | hang-beop-sa |
| | | |
| asas (f pl) | 날개 | nal-gae |
| cauda (f) | 꼬리 | kko-ri |
| cabine (f) | 조종석 | jo-jong-seok |
| motor (m) | 엔진 | en-jin |
| | | |
| trem (m) de pouso | 착륙 장치 | chang-nyuk jang-chi |
| turbina (f) | 터빈 | teo-bin |
| | | |
| hélice (f) | 추진기 | chu-jin-gi |
| caixa-preta (f) | 블랙박스 | beul-laek-bak-seu |
| | | |
| coluna (f) de controle | 조종간 | jo-jong-gan |
| combustível (m) | 연료 | yeol-lyo |
| | | |
| instruções (f pl) de segurança | 안전 안내서 | an-jeon an-nae-seo |
| máscara (f) de oxigênio | 산소 마스크 | san-so ma-seu-keu |
| uniforme (m) | 제복 | je-bok |
| | | |
| colete (m) salva-vidas | 구명조끼 | gu-myeong-jo-kki |
| paraquedas (m) | 낙하산 | nak-a-san |
| | | |
| decolagem (f) | 이륙 | i-ryuk |
| descolar (vi) | 이륙하다 | i-ryuk-a-da |
| pista (f) de decolagem | 활주로 | hwal-ju-ro |
| | | |
| visibilidade (f) | 시계 | si-gye |
| voo (m) | 비행 | bi-haeng |
| | | |
| altura (f) | 고도 | go-do |
| poço (m) de ar | 에어 포켓 | e-eo po-ket |
| | | |
| assento (m) | 자리 | ja-ri |
| fone (m) de ouvido | 헤드폰 | he-deu-pon |
| mesa (f) retrátil | 접는 테이블 | jeom-neun te-i-beul |
| janela (f) | 창문 | chang-mun |
| corredor (m) | 통로 | tong-no |

## 142. Comboio

| | | |
|---|---|---|
| trem (m) | 기차, 열차 | gi-cha, nyeol-cha |
| trem (m) elétrico | 통근 열차 | tong-geun nyeol-cha |
| trem (m) | 급행 열차 | geu-paeng yeol-cha |
| locomotiva (f) diesel | 디젤 기관차 | di-jel gi-gwan-cha |
| locomotiva (f) a vapor | 증기 기관차 | jeung-gi gi-gwan-cha |
| | | |
| vagão (f) de passageiros | 객차 | gaek-cha |
| vagão-restaurante (m) | 식당차 | sik-dang-cha |
| | | |
| carris (m pl) | 레일 | re-il |
| estrada (f) de ferro | 철도 | cheol-do |
| travessa (f) | 침목 | chim-mok |
| | | |
| plataforma (f) | 플랫폼 | peul-laet-pom |
| linha (f) | 길 | gil |
| semáforo (m) | 신호기 | sin-ho-gi |
| estação (f) | 역 | yeok |
| | | |
| maquinista (m) | 기관사 | gi-gwan-sa |
| bagageiro (m) | 포터 | po-teo |
| hospedeiro, -a (m, f) | 차장 | cha-jang |
| passageiro (m) | 승객 | seung-gaek |
| revisor (m) | 검표원 | geom-pyo-won |
| | | |
| corredor (m) | 통로 | tong-no |
| freio (m) de emergência | 비상 브레이크 | bi-sang beu-re-i-keu |
| | | |
| compartimento (m) | 침대차 | chim-dae-cha |
| cama (f) | 침대 | chim-dae |
| cama (f) de cima | 윗침대 | wit-chim-dae |
| | | |
| cama (f) de baixo | 아래 침대 | a-rae chim-dae |
| roupa (f) de cama | 침구 | chim-gu |
| | | |
| passagem (f) | 표 | pyo |
| horário (m) | 시간표 | si-gan-pyo |
| painel (m) de informação | 안내 전광판 | an-nae jeon-gwang-pan |
| | | |
| partir (vt) | 떠난다 | tteo-na-da |
| partida (f) | 출발 | chul-bal |
| | | |
| chegar (vi) | 도착하다 | do-chak-a-da |
| chegada (f) | 도착 | do-chak |
| | | |
| chegar de trem | 기차로 도착하다 | gi-cha-ro do-chak-a-da |
| pegar o trem | 기차에 타다 | gi-cha-e ta-da |
| descer de trem | 기차에서 내리다 | gi-cha-e-seo nae-ri-da |
| | | |
| acidente (m) ferroviário | 기차 사고 | gi-cha sa-go |
| locomotiva (f) a vapor | 증기 기관차 | jeung-gi gi-gwan-cha |
| foguista (m) | 화부 | hwa-bu |
| fornalha (f) | 화실 | hwa-sil |
| carvão (m) | 석탄 | seok-tan |

## 143. Barco

| | | |
|---|---|---|
| navio (m) | 배 | bae |
| embarcação (f) | 배 | bae |
| | | |
| barco (m) a vapor | 증기선 | jeung-gi-seon |
| barco (m) fluvial | 강배 | gang-bae |
| transatlântico (m) | 크루즈선 | keu-ru-jeu-seon |
| cruzeiro (m) | 순양함 | su-nyang-ham |
| | | |
| iate (m) | 요트 | yo-teu |
| rebocador (m) | 예인선 | ye-in-seon |
| | | |
| veleiro (m) | 범선 | beom-seon |
| bergantim (m) | 쌍돛대 범선 | ssang-dot-dae beom-seon |
| | | |
| quebra-gelo (m) | 쇄빙선 | swae-bing-seon |
| submarino (m) | 잠수함 | jam-su-ham |
| | | |
| bote, barco (m) | 보트 | bo-teu |
| baleeira (bote salva-vidas) | 종선 | jong-seon |
| bote (m) salva-vidas | 구조선 | gu-jo-seon |
| lancha (f) | 모터보트 | mo-teo-bo-teu |
| | | |
| capitão (m) | 선장 | seon-jang |
| marinheiro (m) | 수부 | su-bu |
| marujo (m) | 선원 | seon-won |
| tripulação (f) | 승무원 | seung-mu-won |
| | | |
| contramestre (m) | 갑판장 | gap-pan-jang |
| cozinheiro (m) de bordo | 요리사 | yo-ri-sa |
| médico (m) de bordo | 선의 | seon-ui |
| | | |
| convés (m) | 갑판 | gap-pan |
| mastro (m) | 돛대 | dot-dae |
| vela (f) | 돛 | dot |
| | | |
| porão (m) | 화물칸 | hwa-mul-kan |
| proa (f) | 이물 | i-mul |
| popa (f) | 고물 | go-mul |
| remo (m) | 노 | no |
| hélice (f) | 스크루 | seu-keu-ru |
| | | |
| cabine (m) | 선실 | seon-sil |
| sala (f) dos oficiais | 사관실 | sa-gwan-sil |
| sala (f) das máquinas | 엔진실 | en-jin-sil |
| sala (f) de comunicações | 무전실 | mu-jeon-sil |
| onda (f) | 전파 | jeon-pa |
| | | |
| luneta (f) | 망원경 | mang-won-gyeong |
| sino (m) | 종 | jong |
| bandeira (f) | 기 | gi |
| | | |
| cabo (m) | 밧줄 | bat-jul |
| nó (m) | 매듭 | mae-deup |

| corrimão (m) | 난간 | nan-gan |
| prancha (f) de embarque | 사다리 | sa-da-ri |

| âncora (f) | 닻 | dat |
| recolher a âncora | 닻을 올리다 | da-cheul rol-li-da |
| jogar a âncora | 닻을 내리다 | da-cheul lae-ri-da |
| amarra (corrente de âncora) | 닻줄 | dat-jul |

| porto (m) | 항구 | hang-gu |
| cais, amarradouro (m) | 부두 | bu-du |
| atracar (vi) | 정박시키다 | jeong-bak-si-ki-da |
| desatracar (vi) | 출항하다 | chul-hang-ha-da |

| viagem (f) | 여행 | yeo-haeng |
| cruzeiro (m) | 크루즈 | keu-ru-jeu |
| rumo (m) | 항로 | hang-no |
| itinerário (m) | 노선 | no-seon |

| canal (m) de navegação | 항로 | hang-no |
| banco (m) de areia | 얕은 곳 | ya-teun got |
| encalhar (vt) | 좌초하다 | jwa-cho-ha-da |

| tempestade (f) | 폭풍우 | pok-pung-u |
| sinal (m) | 신호 | sin-ho |
| afundar-se (vr) | 가라앉다 | ga-ra-an-da |
| SOS | 조난 신호 | jo-nan sin-ho |
| boia (f) salva-vidas | 구명부환 | gu-myeong-bu-hwan |

## 144. Aeroporto

| aeroporto (m) | 공항 | gong-hang |
| avião (m) | 비행기 | bi-haeng-gi |
| companhia (f) aérea | 항공사 | hang-gong-sa |
| controlador (m) de tráfego aéreo | 관제사 | gwan-je-sa |

| partida (f) | 출발 | chul-bal |
| chegada (f) | 도착 | do-chak |
| chegar (vi) | 도착하다 | do-chak-a-da |

| hora (f) de partida | 출발시간 | chul-bal-si-gan |
| hora (f) de chegada | 도착시간 | do-chak-si-gan |

| estar atrasado | 연기되다 | yeon-gi-doe-da |
| atraso (m) de voo | 항공기 지연 | hang-gong-gi ji-yeon |

| painel (m) de informação | 안내 전광판 | an-nae jeon-gwang-pan |
| informação (f) | 정보 | jeong-bo |
| anunciar (vt) | 알리다 | al-li-da |
| voo (m) | 비행편 | bi-haeng-pyeon |

| alfândega (f) | 세관 | se-gwan |
| funcionário (m) da alfândega | 세관원 | se-gwan-won |
| declaração (f) alfandegária | 세관신고서 | se-gwan-sin-go-seo |

| | | |
|---|---|---|
| preencher a declaração | 세관 신고서를 작성하다 | se-gwan sin-go-seo-reul jak-seong-ha-da |
| controle (m) de passaporte | 여권 검사 | yeo-gwon geom-sa |
| bagagem (f) | 짐, 수하물 | jim, su-ha-mul |
| bagagem (f) de mão | 휴대 가능 수하물 | hyu-dae ga-neung su-ha-mul |
| carrinho (m) | 수하물 카트 | su-ha-mul ka-teu |
| pouso (m) | 착륙 | chang-nyuk |
| pista (f) de pouso | 활주로 | hwal-ju-ro |
| aterrissar (vi) | 착륙하다 | chang-nyuk-a-da |
| escada (f) de avião | 승강계단 | seung-gang-gye-dan |
| check-in (m) | 체크인 | che-keu-in |
| balcão (m) do check-in | 체크인 카운터 | che-keu-in ka-un-teo |
| fazer o check-in | 체크인하다 | che-keu-in-ha-da |
| cartão (m) de embarque | 탑승권 | tap-seung-gwon |
| portão (m) de embarque | 탑승구 | tap-seung-gu |
| trânsito (m) | 트랜싯, 환승 | teu-raen-sit, hwan-seung |
| esperar (vi, vt) | 기다리다 | gi-da-ri-da |
| sala (f) de espera | 공항 라운지 | gong-hang na-un-ji |
| despedir-se (acompanhar) | 배웅하다 | bae-ung-ha-da |
| despedir-se (dizer adeus) | 작별인사를 하다 | jak-byeo-rin-sa-reul ha-da |

## 145. Bicicleta. Motocicleta

| | | |
|---|---|---|
| bicicleta (f) | 자전거 | ja-jeon-geo |
| lambreta (f) | 스쿠터 | seu-ku-teo |
| moto (f) | 오토바이 | o-to-ba-i |
| ir de bicicleta | 자전거로 가다 | ja-jeon-geo-ro ga-da |
| guidão (m) | 핸들 | haen-deul |
| pedal (m) | 페달 | pe-dal |
| freios (m pl) | 브레이크 | beu-re-i-keu |
| banco, selim (m) | 안장 | an-jang |
| bomba (f) | 펌프 | peom-peu |
| bagageiro (m) de teto | 짐 선반 | jim seon-ban |
| lanterna (f) | 라이트 | ra-i-teu |
| capacete (m) | 헬멧 | hel-met |
| roda (f) | 바퀴 | ba-kwi |
| para-choque (m) | 펜더 | pen-deo |
| aro (m) | 테 | te |
| raio (m) | 바퀴살 | ba-kwi-sal |

# Carros

## 146. Tipos de carros

| | | |
|---|---|---|
| carro, automóvel (m) | 자동차 | ja-dong-cha |
| carro (m) esportivo | 스포츠카 | seu-po-cheu-ka |
| | | |
| limusine (f) | 리무진 | ri-mu-jin |
| todo o terreno (m) | 오프로드 카 | o-peu-ro-deu ka |
| conversível (m) | 오픈카 | o-peun-ka |
| minibus (m) | 승합차 | seung-hap-cha |
| | | |
| ambulância (f) | 응급차 | eung-geup-cha |
| limpa-neve (m) | 제설차 | je-seol-cha |
| | | |
| caminhão (m) | 트러 | teu-reok |
| caminhão-tanque (m) | 유조차 | yu-jo-cha |
| perua, van (f) | 유개 화물차 | yu-gae hwa-mul-cha |
| caminhão-trator (m) | 트랙터 | teu-raek-teo |
| reboque (m) | 트레일러 | teu-re-il-leo |
| | | |
| confortável (adj) | 편안한 | pyeon-an-han |
| usado (adj) | 중고의 | jung-go-ui |

## 147. Carros. Carroçaria

| | | |
|---|---|---|
| capô (m) | 보닛 | bo-nit |
| para-choque (m) | 펜더 | pen-deo |
| teto (m) | 지붕 | ji-bung |
| | | |
| para-brisa (m) | 전면 유리 | jeon-myeon nyu-ri |
| retrovisor (m) | 백미러 | baeng-mi-reo |
| esguicho (m) | 워셔 | wo-syeo |
| limpadores (m) de para-brisas | 와이퍼 | wa-i-peo |
| | | |
| vidro (m) lateral | 옆 유리창 | yeop pyu-ri-chang |
| elevador (m) do vidro | 파워윈도우 | pa-wo-win-do-u |
| antena (f) | 안테나 | an-te-na |
| teto (m) solar | 선루프 | seol-lu-peu |
| | | |
| para-choque (m) | 범퍼 | beom-peo |
| porta-malas (f) | 트렁크 | teu-reong-keu |
| porta (f) | 차문 | cha-mun |
| maçaneta (f) | 도어핸들 | do-eo-haen-deul |
| fechadura (f) | 도어락 | do-eo-rak |
| | | |
| placa (f) | 번호판 | beon-ho-pan |
| silenciador (m) | 머플러 | meo-peul-leo |

| | | |
|---|---|---|
| tanque (m) de gasolina | 연료 탱크 | yeol-lyo taeng-keu |
| tubo (m) de exaustão | 배기관 | bae-gi-gwan |
| | | |
| acelerador (m) | 액셀 | aek-sel |
| pedal (m) | 페달 | pe-dal |
| pedal (m) do acelerador | 액셀 페달 | aek-sel pe-dal |
| | | |
| freio (m) | 브레이크 | beu-re-i-keu |
| pedal (m) do freio | 브레이크 페달 | beu-re-i-keu pe-dal |
| frear (vt) | 브레이크를 밟다 | beu-re-i-keu-reul bap-da |
| freio (m) de mão | 주차 브레이크 | ju-cha beu-re-i-keu |
| | | |
| embreagem (f) | 클러치 | keul-leo-chi |
| pedal (m) da embreagem | 클러치 페달 | keul-leo-chi pe-dal |
| disco (m) de embreagem | 클러치 디스크 | keul-leo-chi di-seu-keu |
| amortecedor (m) | 완충장치 | wan-chung-jang-chi |
| | | |
| roda (f) | 바퀴 | ba-kwi |
| pneu (m) estepe | 스페어 타이어 | seu-pe-eo ta-i-eo |
| pneu (m) | 타이어 | ta-i-eo |
| calota (f) | 휠캡 | hwil-kaep |
| | | |
| rodas (f pl) motrizes | 구동륜 | gu-dong-nyun |
| de tração dianteira | 전륜 구동의 | jeol-lyun gu-dong-ui |
| de tração traseira | 후륜 구동의 | hu-ryun gu-dong-ui |
| de tração às 4 rodas | 사륜 구동의 | sa-ryun gu-dong-ui |
| | | |
| caixa (f) de mudanças | 변속기 | byeon-sok-gi |
| automático (adj) | 자동의 | ja-dong-ui |
| mecânico (adj) | 기계식의 | gi-gye-si-gui |
| alavanca (f) de câmbio | 기어 | gi-eo |
| | | |
| farol (m) | 헤드라이트 | he-deu-ra-i-teu |
| faróis (m pl) | 헤드라이트 | he-deu-ra-i-teu |
| | | |
| farol (m) baixo | 하향등 | ha-hyang-deung |
| farol (m) alto | 상향등 | sang-hyang-deung |
| luzes (f pl) de parada | 브레이크 등 | beu-re-i-keu deung |
| | | |
| luzes (f pl) de posição | 미등 | mi-deung |
| luzes (f pl) de emergência | 비상등 | bi-sang-deung |
| faróis (m pl) de neblina | 안개등 | an-gae-deung |
| pisca-pisca (m) | 방향지시등 | bang-hyang-ji-si-deung |
| luz (f) de marcha ré | 후미등 | hu-mi-deung |

## 148. Carros. Habitáculo

| | | |
|---|---|---|
| interior (do carro) | 내부 | nae-bu |
| de couro | 가죽의 | ga-ju-gui |
| de veludo | 벨루어의 | bel-lu-eo-ui |
| estofamento (m) | 커버 | keo-beo |
| | | |
| indicador (m) | 계기 | gye-gi |
| painel (m) | 계기반 | gye-gi-ban |

| velocímetro (m) | 속도계 | sok-do-gye |
| ponteiro (m) | 지침 | ji-chim |

| hodômetro, odômetro (m) | 주행기록계 | ju-haeng-gi-rok-gye |
| indicador (m) | 센서 | sen-seo |
| nível (m) | 레벨 | re-bel |
| luz (f) de aviso | 경고등 | gyeong-go-deung |

| volante (m) | 핸들 | haen-deul |
| buzina (f) | 경적 | gyeong-jeok |
| botão (m) | 버튼 | beo-teun |
| interruptor (m) | 스위치 | seu-wi-chi |

| assento (m) | 좌석 | jwa-seok |
| costas (f pl) do assento | 등받이 | deung-ba-ji |
| cabeceira (f) | 머리 받침 | meo-ri bat-chim |
| cinto (m) de segurança | 안전 벨트 | an-jeon bel-teu |
| apertar o cinto | 안전 벨트를 매다 | an-jeon bel-teu-reul mae-da |
| ajuste (m) | 조절 | jo-jeol |

| airbag (m) | 에어백 | e-eo-baek |
| ar (m) condicionado | 에어컨 | e-eo-keon |

| rádio (m) | 라디오 | ra-di-o |
| leitor (m) de CD | 씨디 플레이어 | ssi-di peul-le-i-eo |
| ligar (vt) | 켜다 | kyeo-da |
| antena (f) | 안테나 | an-te-na |
| porta-luvas (m) | 글러브 박스 | geul-leo-beu bak-seu |
| cinzeiro (m) | 재떨이 | jae-tteo-ri |

## 149. Carros. Motor

| motor (m) | 엔진 | en-jin |
| motor (m) | 모터 | mo-teo |
| a diesel | 디젤의 | di-je-rui |
| a gasolina | 가솔린 | ga-sol-lin |

| cilindrada (f) | 배기량 | bae-gi-ryang |
| potência (f) | 출력 | chul-lyeok |
| cavalo (m) de potência | 마력 | ma-ryeok |
| pistão (m) | 피스톤 | pi-seu-ton |
| cilindro (m) | 실린더 | sil-lin-deo |
| válvula (f) | 밸브 | bael-beu |

| injetor (m) | 연료 분사기 | yeol-lyo bun-sa-gi |
| gerador (m) | 발전기 | bal-jeon-gi |
| carburador (m) | 카뷰레터 | ka-byu-re-teo |
| óleo (m) de motor | 엔진 오일 | en-jin o-il |

| radiador (m) | 라디에이터 | ra-di-e-i-teo |
| líquido (m) de arrefecimento | 냉매 | naeng-mae |
| ventilador (m) | 냉각팬 | paen |
| bateria (f) | 배터리 | bae-teo-ri |
| dispositivo (m) de arranque | 시동기 | si-dong-gi |

| | | |
|---|---|---|
| ignição (f) | 점화 장치 | jeom-hwa jang-chi |
| vela (f) de ignição | 점화플러그 | jeom-hwa-peul-leo-geu |
| | | |
| terminal (m) | 전극 | jeon-geuk |
| terminal (m) positivo | 플러스 | peul-leo-seu |
| terminal (m) negativo | 마이너스 | ma-i-neo-seu |
| fusível (m) | 퓨즈 | pyu-jeu |
| | | |
| filtro (m) de ar | 공기 필터 | gong-gi pil-teo |
| filtro (m) de óleo | 오일 필터 | o-il pil-teo |
| filtro (m) de combustível | 연료 필터 | yeol-lyo pil-teo |

## 150. Carros. Batidas. Reparação

| | | |
|---|---|---|
| acidente (m) de carro | 사고 | sa-go |
| acidente (m) rodoviário | 교통 사고 | gyo-tong sa-go |
| bater (~ num muro) | 들이받다 | deu-ri-bat-da |
| sofrer um acidente | 부서지다 | bu-seo-ji-da |
| dano (m) | 피해 | pi-hae |
| intato | 손상 없는 | son-sang eom-neun |
| | | |
| avariar (vi) | 고장 나다 | go-jang na-da |
| cabo (m) de reboque | 견인줄 | gyeon-in-jul |
| | | |
| furo (m) | 펑크 | peong-keu |
| estar furado | 펑크 나다 | peong-keu na-da |
| encher (vt) | 타이어 부풀리다 | ta-i-eo bu-pul-li-da |
| pressão (f) | 압력 | am-nyeok |
| verificar (vt) | 확인하다 | hwa-gin-ha-da |
| | | |
| reparo (m) | 수리 | su-ri |
| oficina (f) automotiva | 정비소 | jeong-bi-so |
| peça (f) de reposição | 예비 부품 | ye-bi bu-pum |
| peça (f) | 부품 | bu-pum |
| | | |
| parafuso (com porca) | 볼트 | bol-teu |
| parafuso (m) | 나사 | na-sa |
| porca (f) | 너트 | neo-teu |
| arruela (f) | 와셔 | wa-syeo |
| rolamento (m) | 베어링 | be-eo-ring |
| | | |
| tubo (m) | 파이프 | pa-i-peu |
| junta, gaxeta (f) | 개스킷 | gae-seu-kit |
| fio, cabo (m) | 전선 | jeon-seon |
| | | |
| macaco (m) | 잭 | jaek |
| chave (f) de boca | 스패너 | seu-pae-neo |
| martelo (m) | 망치 | mang-chi |
| bomba (f) | 펌프 | peom-peu |
| chave (f) de fenda | 나사돌리개 | na-sa-dol-li-gae |
| | | |
| extintor (m) | 소화기 | so-hwa-gi |
| triângulo (m) de emergência | 안전 삼각대 | an-jeon sam-gak-dae |
| morrer (motor) | 멎다 | meot-da |

| | | |
|---|---|---|
| paragem, "morte" (f) | 정지 | jeong-ji |
| estar quebrado | 부서지다 | bu-seo-ji-da |
| | | |
| superaquecer-se (vr) | 과열되다 | gwa-yeol-doe-da |
| entupir-se (vr) | 막히다 | mak-i-da |
| congelar-se (vr) | 얼다 | eol-da |
| rebentar (vi) | 터지다 | teo-ji-da |
| | | |
| pressão (f) | 압력 | am-nyeok |
| nível (m) | 레벨 | re-bel |
| frouxo (adj) | 느슨한 | neu-seun-han |
| | | |
| batida (f) | 덴트 | den-teu |
| ruído (m) | 똑똑거리는 소음 | ttok-ttok-geo-ri-neun so-eum |
| fissura (f) | 균열 | gyu-nyeol |
| arranhão (m) | 긁힘 | geuk-him |

## 151. Carros. Estrada

| | | |
|---|---|---|
| estrada (f) | 도로 | do-ro |
| autoestrada (f) | 고속도로 | go-sok-do-ro |
| rodovia (f) | 고속도로 | go-sok-do-ro |
| direção (f) | 방향 | bang-hyang |
| distância (f) | 거리 | geo-ri |
| | | |
| ponte (f) | 다리 | da-ri |
| parque (m) de estacionamento | 주차장 | ju-cha-jang |
| praça (f) | 광장 | gwang-jang |
| nó (m) rodoviário | 인터체인지 | in-teo-che-in-ji |
| túnel (m) | 터널 | teo-neol |
| | | |
| posto (m) de gasolina | 주유소 | ju-yu-so |
| parque (m) de estacionamento | 주차장 | ju-cha-jang |
| bomba (f) de gasolina | 가솔린 펌프 | ga-sol-lin peom-peu |
| oficina (f) automotiva | 정비소 | jeong-bi-so |
| abastecer (vt) | 기름을 넣다 | gi-reu-meul leo-ta |
| combustível (m) | 연료 | yeol-lyo |
| galão (m) de gasolina | 통 | tong |
| | | |
| asfalto (m) | 아스팔트 | a-seu-pal-teu |
| marcação (f) de estradas | 노면 표지 | no-myeon pyo-ji |
| meio-fio (m) | 도로 경계석 | do-ro gyeong-gye-seok |
| guard-rail (m) | 가드레일 | ga-deu-re-il |
| valeta (f) | 도랑 | do-rang |
| acostamento (m) | 길가 | gil-ga |
| poste (m) de luz | 가로등 | ga-ro-deung |
| | | |
| dirigir (vt) | 운전하다 | un-jeon-ha-da |
| virar (~ para a direita) | 돌다 | dol-da |
| dar retorno | 유턴하다 | yu-teon-ha-da |
| ré (f) | 후진 기어 | hu-jin gi-eo |
| | | |
| buzinar (vi) | 경적을 울리다 | gyeong-jeo-geul rul-li-da |
| buzina (f) | 경적 | gyeong-jeok |

| | | |
|---|---|---|
| atolar-se (vr) | 빠지다 | ppa-ji-da |
| patinar (na lama) | 미끄러지다 | mi-kkeu-reo-ji-da |
| desligar (vt) | 멈추다 | meom-chu-da |
| | | |
| velocidade (f) | 속도 | sok-do |
| exceder a velocidade | 과속으로 달리다 | gwa-so-geu-ro dal-li-da |
| multar (vt) | 딱지를 떼다 | ttak-ji-reul tte-da |
| semáforo (m) | 신호등 | sin-ho-deung |
| carteira (f) de motorista | 운전 면허증 | un-jeon myeon-heo-jeung |
| | | |
| passagem (f) de nível | 십자로 | sip-ja-ro |
| cruzamento (m) | 교차로 | gyo-cha-ro |
| faixa (f) | 횡단 보도 | hoeng-dan bo-do |
| curva (f) | 커브 | keo-beu |
| zona (f) de pedestres | 보행자 공간 | bo-haeng-ja gong-gan |

# PESSOAS. EVENTOS

## Eventos

### 152. Férias. Evento

| | | |
|---|---|---|
| festa (f) | 휴일 | hyu-il |
| feriado (m) nacional | 국경일 | guk-gyeong-il |
| feriado (m) | 공휴일 | gong-hyu-il |
| festejar (vt) | 기념하다 | gi-nyeom-ha-da |
| | | |
| evento (festa, etc.) | 사건 | sa-geon |
| evento (banquete, etc.) | 이벤트 | i-ben-teu |
| banquete (m) | 연회 | yeon-hoe |
| recepção (f) | 리셉션 | ri-sep-syeon |
| festim (m) | 연회 | yeon-hoe |
| | | |
| aniversário (m) | 기념일 | gi-nyeom-il |
| jubileu (m) | 기념일 | gi-nyeom-il |
| celebrar (vt) | 경축하다 | gyeong-chuk-a-da |
| | | |
| Ano (m) Novo | 새해 | sae-hae |
| Feliz Ano Novo! | 새해 복 많이 받으세요! | sae-hae bok ma-ni ba-deu-se-yo! |
| | | |
| Papai Noel (m) | 산타클로스 | san-ta-keul-lo-seu |
| | | |
| Natal (m) | 크리스마스 | keu-ri-seu-ma-seu |
| Feliz Natal! | 성탄을 축하합니다! | seong-ta-neul chuk-a-ham-ni-da! |
| | | |
| árvore (f) de Natal | 크리스마스트리 | keu-ri-seu-ma-seu-teu-ri |
| fogos (m pl) de artifício | 불꽃놀이 | bul-kkon-no-ri |
| | | |
| casamento (m) | 결혼식 | gyeol-hon-sik |
| noivo (m) | 신랑 | sil-lang |
| noiva (f) | 신부 | sin-bu |
| | | |
| convidar (vt) | 초대하다 | cho-dae-ha-da |
| convite (m) | 초대장 | cho-dae-jang |
| | | |
| convidado (m) | 손님 | son-nim |
| visitar (vt) | 방문하다 | bang-mun-ha-da |
| receber os convidados | 손님을 맞이하다 | son-ni-meul ma-ji-ha-da |
| | | |
| presente (m) | 선물 | seon-mul |
| oferecer, dar (vt) | 선물 하다 | seon-mul ha-da |
| receber presentes | 선물 받다 | seon-mul bat-da |
| buquê (m) de flores | 꽃다발 | kkot-da-bal |
| felicitações (f pl) | 축하를 | chuk-a-reul |
| felicitar (vt) | 축하하다 | chuk-a-ha-da |

| | | |
|---|---|---|
| cartão (m) de parabéns | 축하 카드 | chuk-a ka-deu |
| enviar um cartão postal | 카드를 보내다 | ka-deu-reul bo-nae-da |
| receber um cartão postal | 카드 받다 | ka-deu bat-da |
| | | |
| brinde (m) | 축배 | chuk-bae |
| oferecer (vt) | 대접하다 | dae-jeo-pa-da |
| champanhe (m) | 샴페인 | syam-pe-in |
| | | |
| divertir-se (vr) | 즐기다 | jeul-gi-da |
| diversão (f) | 즐거움 | jeul-geo-um |
| alegria (f) | 기쁨, 즐거움 | gi-ppeun, jeul-geo-um |
| | | |
| dança (f) | 춤 | chum |
| dançar (vi) | 춤추다 | chum-chu-da |
| | | |
| valsa (f) | 왈츠 | wal-cheu |
| tango (m) | 탱고 | taeng-go |

## 153. Funerais. Enterro

| | | |
|---|---|---|
| cemitério (m) | 묘지 | myo-ji |
| sepultura (f), túmulo (m) | 무덤 | mu-deom |
| cruz (f) | 십자가 | sip-ja-ga |
| lápide (f) | 묘석 | myo-seok |
| cerca (f) | 울타리 | ul-ta-ri |
| capela (f) | 채플 | chae-peul |
| | | |
| morte (f) | 죽음 | ju-geum |
| morrer (vi) | 죽다 | juk-da |
| defunto (m) | 고인 | go-in |
| luto (m) | 상 | sang |
| | | |
| enterrar, sepultar (vt) | 묻다 | mut-da |
| funerária (f) | 장례식장 | jang-nye-sik-jang |
| funeral (m) | 장례식 | jang-nye-sik |
| | | |
| coroa (f) de flores | 화환 | hwa-hwan |
| caixão (m) | 관 | gwan |
| carro (m) funerário | 영구차 | yeong-gu-cha |
| mortalha (f) | 수의 | su-ui |
| | | |
| urna (f) funerária | 유골 단지 | yu-gol dan-ji |
| crematório (m) | 화장장 | hwa-jang-jang |
| | | |
| obituário (m), necrologia (f) | 부고 | bu-go |
| chorar (vi) | 울다 | ul-da |
| soluçar (vi) | 흐느껴 울다 | heu-neu-kkyeo ul-da |

## 154. Guerra. Soldados

| | | |
|---|---|---|
| pelotão (m) | 소대 | so-dae |
| companhia (f) | 중대 | jung-dae |

| | | |
|---|---|---|
| regimento (m) | 연대 | yeon-dae |
| exército (m) | 군대 | gun-dae |
| divisão (f) | 사단 | sa-dan |
| | | |
| esquadrão (m) | 분대 | bun-dae |
| hoste (f) | 군대 | gun-dae |
| | | |
| soldado (m) | 군인 | gun-in |
| oficial (m) | 장교 | jang-gyo |
| | | |
| soldado (m) raso | 일병 | il-byeong |
| sargento (m) | 병장 | byeong-jang |
| tenente (m) | 중위 | jung-wi |
| capitão (m) | 대위 | dae-wi |
| major (m) | 소령 | so-ryeong |
| coronel (m) | 대령 | dae-ryeong |
| general (m) | 장군 | jang-gun |
| | | |
| marujo (m) | 선원 | seon-won |
| capitão (m) | 대위 | dae-wi |
| contramestre (m) | 갑판장 | gap-pan-jang |
| | | |
| artilheiro (m) | 포병 | po-byeong |
| soldado (m) paraquedista | 낙하산 부대원 | nak-a-san bu-dae-won |
| piloto (m) | 조종사 | jo-jong-sa |
| | | |
| navegador (m) | 항법사 | hang-beop-sa |
| mecânico (m) | 정비공 | jeong-bi-gong |
| | | |
| sapador-mineiro (m) | 공병대원 | gong-byeong-dae-won |
| paraquedista (m) | 낙하산병 | nak-a-san-byeong |
| | | |
| explorador (m) | 정찰대 | jeong-chal-dae |
| atirador (m) de tocaia | 저격병 | jeo-gyeok-byeong |
| | | |
| patrulha (f) | 순찰 | sun-chal |
| patrulhar (vt) | 순찰하다 | sun-chal-ha-da |
| sentinela (f) | 경비병 | gyeong-bi-byeong |
| | | |
| guerreiro (m) | 전사 | jeon-sa |
| patriota (m) | 애국자 | ae-guk-ja |
| | | |
| herói (m) | 영웅 | yeong-ung |
| heroína (f) | 여걸 | yeo-geol |
| | | |
| traidor (m) | 매국노 | mae-gung-no |
| desertor (m) | 탈영병 | ta-ryeong-byeong |
| desertar (vt) | 탈영하다 | ta-ryeong-ha-da |
| | | |
| mercenário (m) | 용병 | yong-byeong |
| recruta (m) | 훈련병 | hul-lyeon-byeong |
| voluntário (m) | 지원병 | ji-won-byeong |
| | | |
| morto (m) | 사망자 | sa-mang-ja |
| ferido (m) | 부상자 | bu-sang-ja |
| prisioneiro (m) de guerra | 포로 | po-ro |

## 155. Guerra. Ações militares. Parte 1

| | | |
|---|---|---|
| guerra (f) | 전쟁 | jeon-jaeng |
| guerrear (vt) | 참전하다 | cham-jeon-ha-da |
| guerra (f) civil | 내전 | nae-jeon |
| | | |
| perfidamente | 비겁하게 | bi-geo-pa-ge |
| declaração (f) de guerra | 선전 포고 | seon-jeon po-go |
| declarar guerra | 선포하다 | seon-po-ha-da |
| agressão (f) | 침략 | chim-nyak |
| atacar (vt) | 공격하다 | gong-gyeo-ka-da |
| | | |
| invadir (vt) | 침략하다 | chim-nyak-a-da |
| invasor (m) | 침략자 | chim-nyak-ja |
| conquistador (m) | 정복자 | jeong-bok-ja |
| | | |
| defesa (f) | 방어 | bang-eo |
| defender (vt) | 방어하다 | bang-eo-ha-da |
| defender-se (vr) | … 를 방어하다 | … reul bang-eo-ha-da |
| | | |
| inimigo (m) | 적 | jeok |
| adversário (m) | 원수 | won-su |
| inimigo (adj) | 적의 | jeo-gui |
| | | |
| estratégia (f) | 전략 | jeol-lyak |
| tática (f) | 전술 | jeon-sul |
| | | |
| ordem (f) | 명령 | myeong-nyeong |
| comando (m) | 명령 | myeong-nyeong |
| ordenar (vt) | 명령하다 | myeong-nyeong-ha-da |
| missão (f) | 임무 | im-mu |
| secreto (adj) | 비밀의 | bi-mi-rui |
| | | |
| batalha (f) | 전투 | jeon-tu |
| combate (m) | 전투 | jeon-tu |
| | | |
| ataque (m) | 공격 | gong-gyeok |
| assalto (m) | 돌격 | dol-gyeok |
| assaltar (vt) | 습격하다 | seup-gyeok-a-da |
| assédio, sítio (m) | 포위 공격 | po-wi gong-gyeok |
| | | |
| ofensiva (f) | 공세 | gong-se |
| tomar à ofensiva | 공격하다 | gong-gyeo-ka-da |
| | | |
| retirada (f) | 퇴각 | toe-gak |
| retirar-se (vr) | 퇴각하다 | toe-gak-a-da |
| | | |
| cerco (m) | 포위 | po-wi |
| cercar (vt) | 둘러싸다 | dul-leo-ssa-da |
| | | |
| bombardeio (m) | 폭격 | pok-gyeok |
| lançar uma bomba | 폭탄을 투하하다 | pok-ta-neul tu-ha-ha-da |
| bombardear (vt) | 폭격하다 | pok-gyeok-a-da |
| explosão (f) | 폭발 | pok-bal |
| tiro (m) | 발포 | bal-po |

| | | |
|---|---|---|
| dar um tiro | 쏘다 | sso-da |
| tiroteio (m) | 사격 | sa-gyeok |
| | | |
| apontar para … | 겨냥대다 | gyeo-nyang-dae-da |
| apontar (vt) | 총을 겨누다 | chong-eul gyeo-nu-da |
| acertar (vt) | 맞히다 | ma-chi-da |
| | | |
| afundar (~ um navio, etc.) | 가라앉히다 | ga-ra-an-chi-da |
| brecha (f) | 구멍 | gu-meong |
| afundar-se (vr) | 가라앉히다 | ga-ra-an-chi-da |
| | | |
| frente (m) | 전선 | jeon-seon |
| evacuação (f) | 철수 | cheol-su |
| evacuar (vt) | 대피시키다 | dae-pi-si-ki-da |
| | | |
| trincheira (f) | 참호 | cham-ho |
| arame (m) enfarpado | 가시철사 | ga-si-cheol-sa |
| barreira (f) anti-tanque | 장애물 | jang-ae-mul |
| torre (f) de vigia | 감시탑 | gam-si-tap |
| | | |
| hospital (m) militar | 군 병원 | gun byeong-won |
| ferir (vt) | 부상을 입히다 | bu-sang-eul ri-pi-da |
| ferida (f) | 부상 | bu-sang |
| ferido (m) | 부상자 | bu-sang-ja |
| ficar ferido | 부상을 입다 | bu-sang-eul rip-da |
| grave (ferida ~) | 심각한 | sim-gak-an |

## 156. Armas

| | | |
|---|---|---|
| arma (f) | 무기 | mu-gi |
| arma (f) de fogo | 화기 | hwa-gi |
| | | |
| arma (f) química | 화학 병기 | hwa-hak byeong-gi |
| nuclear (adj) | 핵의 | hae-gui |
| arma (f) nuclear | 핵무기 | haeng-mu-gi |
| | | |
| bomba (f) | 폭탄 | pok-tan |
| bomba (f) atômica | 원자폭탄 | won-ja-pok-tan |
| | | |
| pistola (f) | 권총 | gwon-chong |
| rifle (m) | 장총 | jang-chong |
| semi-automática (f) | 기관단총 | gi-gwan-dan-chong |
| metralhadora (f) | 기관총 | gi-gwan-chong |
| | | |
| boca (f) | 총구 | chong-gu |
| cano (m) | 총열 | chong-yeol |
| calibre (m) | 구경 | gu-gyeong |
| | | |
| gatilho (m) | 방아쇠 | bang-a-soe |
| mira (f) | 가늠자 | ga-neum-ja |
| coronha (f) | 개머리 | gae-meo-ri |
| | | |
| granada (f) de mão | 수류탄 | su-ryu-tan |
| explosivo (m) | 폭약 | po-gyak |

| | | |
|---|---|---|
| bala (f) | 총알 | chong-al |
| cartucho (m) | 탄약통 | ta-nyak-tong |
| carga (f) | 화약 | hwa-yak |
| munições (f pl) | 탄약 | ta-nyak |
| | | |
| bombardeiro (m) | 폭격기 | pok-gyeok-gi |
| avião (m) de caça | 전투기 | jeon-tu-gi |
| helicóptero (m) | 헬리콥터 | hel-li-kop-teo |
| | | |
| canhão (m) antiaéreo | 대공포 | dae-gong-po |
| tanque (m) | 전차 | jeon-cha |
| | | |
| artilharia (f) | 대포 | dae-po |
| canhão (m) | 대포 | dae-po |
| fazer a pontaria | 총을 겨누다 | chong-eul gyeo-nu-da |
| | | |
| projétil (m) | 탄피 | tan-pi |
| granada (f) de morteiro | 박격포탄 | bak-gyeok-po-tan |
| morteiro (m) | 박격포 | bak-gyeok-po |
| estilhaço (m) | 포탄파편 | po-tan-pa-pyeon |
| | | |
| submarino (m) | 잠수함 | jam-su-ham |
| torpedo (m) | 어뢰 | eo-roe |
| míssil (m) | 미사일 | mi-sa-il |
| | | |
| carregar (uma arma) | 장탄하다 | jang-tan-ha-da |
| disparar, atirar (vi) | 쏘다 | sso-da |
| apontar para ... | 총을 겨누다 | chong-eul gyeo-nu-da |
| baioneta (f) | 총검 | chong-geom |
| | | |
| espada (f) | 레이피어 | re-i-pi-eo |
| sabre (m) | 군도 | gun-do |
| lança (f) | 창 | chang |
| arco (m) | 활 | hwal |
| flecha (f) | 화살 | hwa-sal |
| mosquete (m) | 머스킷 | meo-seu-kit |
| besta (f) | 석궁 | seok-gung |

## 157. Povos da antiguidade

| | | |
|---|---|---|
| primitivo (adj) | 원시적인 | won-si-jeo-gin |
| pré-histórico (adj) | 선사시대의 | seon-sa-si-dae-ui |
| antigo (adj) | 고대의 | go-dae-ui |
| | | |
| Idade (f) da Pedra | 석기 시대 | seok-gi si-dae |
| Idade (f) do Bronze | 청동기 시대 | cheong-dong-gi si-dae |
| Era (f) do Gelo | 빙하 시대 | bing-ha si-dae |
| | | |
| tribo (f) | 부족 | bu-jok |
| canibal (m) | 식인종 | si-gin-jong |
| caçador (m) | 사냥꾼 | sa-nyang-kkun |
| caçar (vi) | 사냥하다 | sa-nyang-ha-da |
| mamute (m) | 매머드 | mae-meo-deu |
| caverna (f) | 동굴 | dong-gul |

| fogo (m) | 불 | bul |
| fogueira (f) | 모닥불 | mo-dak-bul |
| pintura (f) rupestre | 동굴 벽화 | dong-gul byeok-wa |

| ferramenta (f) | 도구 | do-gu |
| lança (f) | 창 | chang |
| machado (m) de pedra | 돌도끼 | dol-do-kki |
| guerrear (vt) | 참전하다 | cham-jeon-ha-da |
| domesticar (vt) | 길들이다 | gil-deu-ri-da |

| ídolo (m) | 우상 | u-sang |
| adorar, venerar (vt) | 숭배하다 | sung-bae-ha-da |
| superstição (f) | 미신 | mi-sin |

| evolução (f) | 진화 | jin-hwa |
| desenvolvimento (m) | 개발 | gae-bal |
| extinção (f) | 멸종 | myeol-jong |
| adaptar-se (vr) | 적응하다 | jeo-geung-ha-da |

| arqueologia (f) | 고고학 | go-go-hak |
| arqueólogo (m) | 고고학자 | go-go-hak-ja |
| arqueológico (adj) | 고고학의 | go-go-ha-gui |

| escavação (sítio) | 발굴 현장 | bal-gul hyeon-jang |
| escavações (f pl) | 발굴 | bal-gul |
| achado (m) | 발견물 | bal-gyeon-mul |
| fragmento (m) | 파편 | pa-pyeon |

## 158. Idade média

| povo (m) | 민족 | min-jok |
| povos (m pl) | 민족 | min-jok |
| tribo (f) | 부족 | bu-jok |
| tribos (f pl) | 부족들 | bu-jok-deul |

| bárbaros (pl) | 오랑캐 | o-rang-kae |
| galeses (pl) | 갈리아인 | gal-li-a-in |
| godos (pl) | 고트족 | go-teu-jok |
| eslavos (pl) | 슬라브족 | seul-la-beu-jok |
| viquingues (pl) | 바이킹 | ba-i-king |

| romanos (pl) | 로마 사람 | ro-ma sa-ram |
| romano (adj) | 로마의 | ro-ma-ui |

| bizantinos (pl) | 비잔티움 사람들 | bi-jan-ti-um sa-ram-deul |
| Bizâncio | 비잔티움 | bi-jan-ti-um |
| bizantino (adj) | 비잔틴의 | bi-jan-tin-ui |

| imperador (m) | 황제 | hwang-je |
| líder (m) | 추장 | chu-jang |
| poderoso (adj) | 강력한 | gang-nyeo-kan |
| rei (m) | 왕 | wang |
| governante (m) | 통치자 | tong-chi-ja |
| cavaleiro (m) | 기사 | gi-sa |

| senhor feudal (m) | 봉건 영주 | bong-geon nyeong-ju |
| feudal (adj) | 봉건적인 | bong-geon-jeo-gin |
| vassalo (m) | 봉신 | bong-sin |

| duque (m) | 공작 | gong-jak |
| conde (m) | 백작 | baek-jak |
| barão (m) | 남작 | nam-jak |
| bispo (m) | 주교 | ju-gyo |

| armadura (f) | 갑옷 | ga-bot |
| escudo (m) | 방패 | bang-pae |
| espada (f) | 검 | geom |
| viseira (f) | 얼굴 가리개 | eol-gul ga-ri-gae |
| cota (f) de malha | 미늘 갑옷 | mi-neul ga-bot |

| cruzada (f) | 십자군 | sip-ja-gun |
| cruzado (m) | 십자군 전사 | sip-ja-gun jeon-sa |

| território (m) | 영토 | yeong-to |
| atacar (vt) | 공격하다 | gong-gyeo-ka-da |
| conquistar (vt) | 정복하다 | jeong-bok-a-da |
| ocupar, invadir (vt) | 점령하다 | jeom-nyeong-ha-da |

| assédio, sítio (m) | 포위 공격 | po-wi gong-gyeok |
| sitiado (adj) | 포위당한 | po-wi-dang-han |
| assediar, sitiar (vt) | 포위하다 | po-wi-ha-da |

| inquisição (f) | 이단심문 | i-dan-sim-mun |
| inquisidor (m) | 종교 재판관 | jong-gyo jae-pan-gwan |
| tortura (f) | 고문 | go-mun |
| cruel (adj) | 잔혹한 | jan-hok-an |
| herege (m) | 이단자 | i-dan-ja |
| heresia (f) | 이단으로 | i-da-neu-ro |

| navegação (f) marítima | 항해 | hang-hae |
| pirata (m) | 해적 | hae-jeok |
| pirataria (f) | 해적 행위 | hae-jeok aeng-wi |
| abordagem (f) | 널판장 | neol-pan-jang |
| presa (f), butim (m) | 노획물 | no-hoeng-mul |
| tesouros (m pl) | 보물 | bo-mul |

| descobrimento (m) | 발견 | bal-gyeon |
| descobrir (novas terras) | 발견하다 | bal-gyeon-ha-da |
| expedição (f) | 탐험 | tam-heom |

| mosqueteiro (m) | 총병 | chong-byeong |
| cardeal (m) | 추기경 | chu-gi-gyeong |
| heráldica (f) | 문장학 | mun-jang-hak |
| heráldico (adj) | 문장학의 | mun-jang-ha-gui |

## 159. Líder. Chefe. Autoridades

| rei (m) | 왕 | wang |
| rainha (f) | 여왕 | yeo-wang |

| real (adj) | 왕족의 | wang-jo-gui |
| reino (m) | 왕국 | wang-guk |

| príncipe (m) | 왕자 | wang-ja |
| princesa (f) | 공주 | gong-ju |

| presidente (m) | 대통령 | dae-tong-nyeong |
| vice-presidente (m) | 부통령 | bu-tong-nyeong |
| senador (m) | 상원의원 | sang-won-ui-won |

| monarca (m) | 군주 | gun-ju |
| governante (m) | 통치자 | tong-chi-ja |
| ditador (m) | 독재자 | dok-jae-ja |
| tirano (m) | 폭군 | pok-gun |
| magnata (m) | 거물 | geo-mul |

| diretor (m) | 사장 | sa-jang |
| chefe (m) | 추장 | chu-jang |
| gerente (m) | 지배인 | ji-bae-in |
| patrão (m) | 상사 | sang-sa |
| dono (m) | 소유자 | so-yu-ja |

| chefe (m) | 책임자 | chae-gim-ja |
| autoridades (f pl) | 당국 | dang-guk |
| superiores (m pl) | 상사 | sang-sa |

| governador (m) | 주지사 | ju-ji-sa |
| cônsul (m) | 영사 | yeong-sa |
| diplomata (m) | 외교관 | oe-gyo-gwan |
| Presidente (m) da Câmara | 시장 | si-jang |
| xerife (m) | 보안관 | bo-an-gwan |

| imperador (m) | 황제 | hwang-je |
| czar (m) | 황제 | hwang-je |
| faraó (m) | 파라오 | pa-ra-o |
| cã, khan (m) | 칸 | kan |

## 160. Violação da lei. Criminosos. Parte 1

| bandido (m) | 산적 | san-jeok |
| crime (m) | 범죄 | beom-joe |
| criminoso (m) | 범죄자 | beom-joe-ja |

| ladrão (m) | 도둑 | do-duk |
| roubar (vt) | 훔치다 | hum-chi-da |
| roubo (atividade) | 절도 | jeol-do |
| furto (m) | 도둑질 | do-duk-jil |

| raptar, sequestrar (vt) | 납치하다 | nap-chi-ha-da |
| sequestro (m) | 유괴 | yu-goe |
| sequestrador (m) | 유괴범 | yu-goe-beom |

| resgate (m) | 몸값 | mom-gap |
| pedir resgate | 몸값을 요구하다 | mom-gap-seul ryo-gu-ha-da |

| | | |
|---|---|---|
| roubar (vt) | 뺏다 | ppaet-da |
| assaltante (m) | 강도 | gang-do |
| | | |
| extorquir (vt) | 갈취하다 | gal-chwi-ha-da |
| extorsionário (m) | 갈취자 | gal-chwi-ja |
| extorsão (f) | 갈취 | gal-chwi |
| | | |
| matar, assassinar (vt) | 죽이다 | ju-gi-da |
| homicídio (m) | 살인 | sa-rin |
| homicida, assassino (m) | 살인자 | sa-rin-ja |
| | | |
| tiro (m) | 발포 | bal-po |
| dar um tiro | 쏘다 | sso-da |
| matar a tiro | 쏘아 죽이다 | sso-a ju-gi-da |
| disparar, atirar (vi) | 쏘다 | sso-da |
| tiroteio (m) | 발사 | bal-sa |
| | | |
| incidente (m) | 사건 | sa-geon |
| briga (~ de rua) | 몸싸움 | mom-ssa-um |
| vítima (f) | 희생자 | hui-saeng-ja |
| | | |
| danificar (vt) | 해치다 | hae-chi-da |
| dano (m) | 피해 | pi-hae |
| | | |
| cadáver (m) | 시신 | si-sin |
| grave (adj) | 중대한 | jung-dae-han |
| | | |
| atacar (vt) | 공격하다 | gong-gyeo-ka-da |
| bater (espancar) | 때리다 | ttae-ri-da |
| espancar (vt) | 조지다 | jo-ji-da |
| tirar, roubar (dinheiro) | 훔치다 | hum-chi-da |
| esfaquear (vt) | 찔러 죽이다 | jjil-leo ju-gi-da |
| | | |
| mutilar (vt) | 불구로 만들다 | bul-gu-ro man-deul-da |
| ferir (vt) | 부상을 입히다 | bu-sang-eul ri-pi-da |
| | | |
| chantagem (f) | 공갈 | gong-gal |
| chantagear (vt) | 공갈하다 | gong-gal-ha-da |
| chantagista (m) | 공갈범 | gong-gal-beom |
| | | |
| extorsão (f) | 폭력단의 갈취 행위 | pong-nyeok-dan-ui gal-chwi haeng-wi |
| extorsionário (m) | 모리배 | mo-ri-bae |
| | | |
| gângster (m) | 갱 | gaeng |
| máfia (f) | 마피아 | ma-pi-a |
| | | |
| punguista (m) | 소매치기 | so-mae-chi-gi |
| assaltante, ladrão (m) | 빈집털이범 | bin-jip-teo-ri-beom |
| | | |
| contrabando (m) | 밀수입 | mil-su-ip |
| contrabandista (m) | 밀수입자 | mil-su-ip-ja |
| | | |
| falsificação (f) | 위조 | wi-jo |
| falsificar (vt) | 위조하다 | wi-jo-ha-da |
| falsificado (adj) | 가짜의 | ga-jja-ui |

## 161. Violação da lei. Criminosos. Parte 2

| | | |
|---|---|---|
| estupro (m) | 강간 | gang-gan |
| estuprar (vt) | 강간하다 | gang-gan-ha-da |
| estuprador (m) | 강간범 | gang-gan-beom |
| maníaco (m) | 미치광이 | mi-chi-gwang-i |
| | | |
| prostituta (f) | 매춘부 | mae-chun-bu |
| prostituição (f) | 매춘 | mae-chun |
| cafetão (m) | 포주 | po-ju |
| | | |
| drogado (m) | 마약 중독자 | ma-yak jung-dok-ja |
| traficante (m) | 마약 밀매자 | ma-yak mil-mae-ja |
| | | |
| explodir (vt) | 폭발하다 | pok-bal-ha-da |
| explosão (f) | 폭발 | pok-bal |
| incendiar (vt) | 방화하다 | bang-hwa-ha-da |
| incendiário (m) | 방화범 | bang-hwa-beom |
| | | |
| terrorismo (m) | 테러리즘 | te-reo-ri-jeum |
| terrorista (m) | 테러리스트 | te-reo-ri-seu-teu |
| refém (m) | 볼모 | bol-mo |
| | | |
| enganar (vt) | 속이다 | so-gi-da |
| engano (m) | 사기 | sa-gi |
| vigarista (m) | 사기꾼 | sa-gi-kkun |
| | | |
| subornar (vt) | 뇌물을 주다 | noe-mu-reul ju-da |
| suborno (atividade) | 뇌물 수수 | noe-mul su-su |
| suborno (dinheiro) | 뇌물 | noe-mul |
| | | |
| veneno (m) | 독 | dok |
| envenenar (vt) | 독살하다 | dok-sal-ha-da |
| envenenar-se (vr) | 음독하다 | eum-dok-a-da |
| | | |
| suicídio (m) | 자살 | ja-sal |
| suicida (m) | 자살자 | ja-sal-ja |
| | | |
| ameaçar (vt) | 협박하다 | hyeop-bak-a-da |
| ameaça (f) | 협박 | hyeop-bak |
| atentar contra a vida de … | 살해를 꾀하다 | sal-hae-reul kkoe-ha-da |
| atentado (m) | 미수 | mi-su |
| | | |
| roubar (um carro) | 훔치는 | hum-chi-da |
| sequestrar (um avião) | 납치하다 | nap-chi-ha-da |
| | | |
| vingança (f) | 복수 | bok-su |
| vingar (vt) | 복수하다 | bok-su-ha-da |
| | | |
| torturar (vt) | 고문하다 | go-mun-ha-da |
| tortura (f) | 고문 | go-mun |
| atormentar (vt) | 괴롭히다 | goe-ro-pi-da |
| | | |
| pirata (m) | 해적 | hae-jeok |
| desordeiro (m) | 난동꾼 | nan-dong-kkun |

| armado (adj) | 무장한 | mu-jang-han |
| violência (f) | 폭력 | pong-nyeok |

| espionagem (f) | 간첩행위 | gan-cheo-paeng-wi |
| espionar (vi) | 간첩 행위를 하다 | gan-cheop paeng-wi-reul ha-da |

## 162. Polícia. Lei. Parte 1

| justiça (sistema de ~) | 정의 | jeong-ui |
| tribunal (m) | 법정 | beop-jeong |

| juiz (m) | 판사 | pan-sa |
| jurados (m pl) | 배심원 | bae-sim-won |
| tribunal (m) do júri | 배심 재판 | bae-sim jae-pan |
| julgar (vt) | 재판에 부치다 | jae-pan-e bu-chi-da |

| advogado (m) | 변호사 | byeon-ho-sa |
| réu (m) | 피고 | pi-go |
| banco (m) dos réus | 피고인석 | pi-go-in-seok |

| acusação (f) | 혐의 | hyeom-ui |
| acusado (m) | 형사 피고인 | pi-go-in |

| sentença (f) | 형량 | hyeong-nyang |
| sentenciar (vt) | 선고하다 | seon-go-ha-da |

| culpado (m) | 유죄 | yu-joe |
| punir (vt) | 처벌하다 | cheo-beol-ha-da |
| punição (f) | 벌 | beol |

| multa (f) | 벌금 | beol-geum |
| prisão (f) perpétua | 종신형 | jong-sin-hyeong |
| pena (f) de morte | 사형 | sa-hyeong |
| cadeira (f) elétrica | 전기 의자 | jeon-gi ui-ja |
| forca (f) | 교수대 | gyo-su-dae |

| executar (vt) | 집행하다 | ji-paeng-ha-da |
| execução (f) | 처형 | cheo-hyeong |

| prisão (f) | 교도소 | gyo-do-so |
| cela (f) de prisão | 감방 | gam-bang |

| escolta (f) | 호송 | ho-song |
| guarda (m) prisional | 간수 | gan-su |
| preso, prisioneiro (m) | 죄수 | joe-su |

| algemas (f pl) | 수갑 | su-gap |
| algemar (vt) | 수갑을 채우다 | su-ga-beul chae-u-da |

| fuga, evasão (f) | 탈옥 | ta-rok |
| fugir (vi) | 탈옥하다 | ta-rok-a-da |
| desaparecer (vi) | 사라지다 | sa-ra-ji-da |
| soltar, libertar (vt) | 출옥하다 | chu-rok-a-da |

| anistia (f) | 사면 | sa-myeon |
| polícia (instituição) | 경찰 | gyeong-chal |
| polícia (m) | 경찰관 | gyeong-chal-gwan |
| delegacia (f) de polícia | 경찰서 | gyeong-chal-seo |
| cassetete (m) | 경찰봉 | gyeong-chal-bong |
| megafone (m) | 메가폰 | me-ga-pon |
| | | |
| carro (m) de patrulha | 순찰차 | sun-chal-cha |
| sirene (f) | 사이렌 | sa-i-ren |
| ligar a sirene | 사이렌을 켜다 | sa-i-re-neul kyeo-da |
| toque (m) da sirene | 사이렌 소리 | sa-i-ren so-ri |
| | | |
| cena (f) do crime | 범죄현장 | beom-joe-hyeon-jang |
| testemunha (f) | 목격자 | mok-gyeok-ja |
| liberdade (f) | 자유 | ja-yu |
| cúmplice (m) | 공범자 | gong-beom-ja |
| escapar (vi) | 달아나다 | da-ra-na-da |
| traço (não deixar ~s) | 흔적 | heun-jeok |

## 163. Polícia. Lei. Parte 2

| procura (f) | 조사 | jo-sa |
| procurar (vt) | ··· 를 찾다 | ... reul chat-da |
| suspeita (f) | 혐의 | hyeom-ui |
| suspeito (adj) | 의심스러운 | ui-sim-seu-reo-un |
| parar (veículo, etc.) | 멈추다 | meom-chu-da |
| deter (fazer parar) | 구류하다 | gu-ryu-ha-da |
| | | |
| caso (~ criminal) | 판례 | pal-lye |
| investigação (f) | 조사 | jo-sa |
| detetive (m) | 형사 | hyeong-sa |
| investigador (m) | 조사관 | jo-sa-gwan |
| versão (f) | 가설 | ga-seol |
| | | |
| motivo (m) | 동기 | dong-gi |
| interrogatório (m) | 심문 | sim-mun |
| interrogar (vt) | 신문하다 | sin-mun-ha-da |
| questionar (vt) | 심문하다 | sim-mun-ha-da |
| verificação (f) | 확인 | hwa-gin |
| | | |
| batida (f) policial | 일제 검거 | il-je geom-geo |
| busca (f) | 수색 | su-saek |
| perseguição (f) | 추적 | chu-jeok |
| perseguir (vt) | 추적하다 | chu-jeok-a-da |
| seguir, rastrear (vt) | 추적하다 | chu-jeok-a-da |
| | | |
| prisão (f) | 체포 | che-po |
| prender (vt) | 체포하다 | che-po-ha-da |
| pegar, capturar (vt) | 붙잡다 | but-jap-da |
| captura (f) | 체포 | che-po |
| | | |
| documento (m) | 서류 | seo-ryu |
| prova (f) | 증거 | jeung-geo |
| provar (vt) | 증명하다 | jeung-myeong-ha-da |

| pegada (f) | 발자국 | bal-ja-guk |
| impressões (f pl) digitais | 지문 | ji-mun |
| prova (f) | 증거물 | jeung-geo-mul |

| álibi (m) | 알리바이 | al-li-ba-i |
| inocente (adj) | 무죄인 | mu-joe-in |
| injustiça (f) | 부정 | bu-jeong |
| injusto (adj) | 부당한 | bu-dang-han |

| criminal (adj) | 범죄의 | beom-joe-ui |
| confiscar (vt) | 몰수하다 | mol-su-ha-da |
| droga (f) | 마약 | ma-yak |
| arma (f) | 무기 | mu-gi |
| desarmar (vt) | 무장해제하다 | mu-jang-hae-je-ha-da |
| ordenar (vt) | 명령하다 | myeong-nyeong-ha-da |
| desaparecer (vi) | 사라지다 | sa-ra-ji-da |

| lei (f) | 법률 | beom-nyul |
| legal (adj) | 합법적인 | hap-beop-jeo-gin |
| ilegal (adj) | 불법적인 | bul-beop-jeo-gin |

| responsabilidade (f) | 책임 | chae-gim |
| responsável (adj) | 책임 있는 | chae-gim in-neun |

# NATUREZA

# A Terra. Parte 1

## 164. Espaço sideral

| | | |
|---|---|---|
| espaço, cosmo (m) | 우주 | u-ju |
| espacial, cósmico (adj) | 우주의 | u-ju-ui |
| espaço (m) cósmico | 우주 공간 | u-ju gong-gan |
| mundo (m) | 세계 | se-gye |
| universo (m) | 우주 | u-ju |
| galáxia (f) | 은하 | eun-ha |
| | | |
| estrela (f) | 별, 항성 | byeol, hang-seong |
| constelação (f) | 별자리 | byeol-ja-ri |
| planeta (m) | 행성 | haeng-seong |
| satélite (m) | 인공위성 | in-gong-wi-seong |
| | | |
| meteorito (m) | 운석 | un-seok |
| cometa (m) | 혜성 | hye-seong |
| asteroide (m) | 소행성 | so-haeng-seong |
| | | |
| órbita (f) | 궤도 | gwe-do |
| girar (vi) | 회전한다 | hoe-jeon-han-da |
| atmosfera (f) | 대기 | dae-gi |
| | | |
| Sol (m) | 태양 | tae-yang |
| Sistema (m) Solar | 태양계 | tae-yang-gye |
| eclipse (m) solar | 일식 | il-sik |
| | | |
| Terra (f) | 지구 | ji-gu |
| Lua (f) | 달 | dal |
| | | |
| Marte (m) | 화성 | hwa-seong |
| Vênus (f) | 금성 | geum-seong |
| Júpiter (m) | 목성 | mok-seong |
| Saturno (m) | 토성 | to-seong |
| | | |
| Mercúrio (m) | 수성 | su-seong |
| Urano (m) | 천왕성 | cheon-wang-seong |
| Netuno (m) | 해왕성 | hae-wang-seong |
| Plutão (m) | 명왕성 | myeong-wang-seong |
| | | |
| Via Láctea (f) | 은하수 | eun-ha-su |
| Ursa Maior (f) | 큰곰자리 | keun-gom-ja-ri |
| Estrela Polar (f) | 북극성 | buk-geuk-seong |
| | | |
| marciano (m) | 화성인 | hwa-seong-in |
| extraterrestre (m) | 외계인 | oe-gye-in |

| alienígena (m) | 외계인 | oe-gye-in |
| disco (m) voador | 비행 접시 | bi-haeng jeop-si |

| espaçonave (f) | 우주선 | u-ju-seon |
| estação (f) orbital | 우주 정거장 | u-ju jeong-nyu-jang |

| motor (m) | 엔진 | en-jin |
| bocal (m) | 노즐 | no-jeul |
| combustível (m) | 연료 | yeol-lyo |

| cabine (f) | 조종석 | jo-jong-seok |
| antena (f) | 안테나 | an-te-na |
| vigia (f) | 현창 | hyeon-chang |
| bateria (f) solar | 태양 전지 | tae-yang jeon-ji |
| traje (m) espacial | 우주복 | u-ju-bok |

| imponderabilidade (f) | 무중력 | mu-jung-nyeok |
| oxigênio (m) | 산소 | san-so |

| acoplagem (f) | 도킹 | do-king |
| fazer uma acoplagem | 도킹하다 | do-king-ha-da |

| observatório (m) | 천문대 | cheon-mun-dae |
| telescópio (m) | 망원경 | mang-won-gyeong |
| observar (vt) | 관찰하다 | gwan-chal-ha-da |
| explorar (vt) | 탐험하다 | tam-heom-ha-da |

## 165. A Terra

| Terra (f) | 지구 | ji-gu |
| globo terrestre (Terra) | 지구 | ji-gu |
| planeta (m) | 행성 | haeng-seong |

| atmosfera (f) | 대기 | dae-gi |
| geografia (f) | 지리학 | ji-ri-hak |
| natureza (f) | 자연 | ja-yeon |

| globo (mapa esférico) | 지구의 | ji-gu-ui |
| mapa (m) | 지도 | ji-do |
| atlas (m) | 지도첩 | ji-do-cheop |

| Europa (f) | 유럽 | yu-reop |
| Ásia (f) | 아시아 | a-si-a |

| África (f) | 아프리카 | a-peu-ri-ka |
| Austrália (f) | 호주 | ho-ju |

| América (f) | 아메리카 대륙 | a-me-ri-ka dae-ryuk |
| América (f) do Norte | 북아메리카 | bu-ga-me-ri-ka |
| América (f) do Sul | 남아메리카 | nam-a-me-ri-ka |

| Antártida (f) | 남극 대륙 | nam-geuk dae-ryuk |
| Ártico (m) | 극지방 | geuk-ji-bang |

## 166. Pontos cardeais

| | | |
|---|---|---|
| norte (m) | 북쪽 | buk-jjok |
| para norte | 북쪽으로 | buk-jjo-geu-ro |
| no norte | 북쪽에 | buk-jjo-ge |
| do norte (adj) | 북쪽의 | buk-jjo-gui |
| | | |
| sul (m) | 남쪽 | nam-jjok |
| para sul | 남쪽으로 | nam-jjo-geu-ro |
| no sul | 남쪽에 | nam-jjo-ge |
| do sul (adj) | 남쪽의 | nam-jjo-gui |
| | | |
| oeste, ocidente (m) | 서쪽 | seo-jjok |
| para oeste | 서쪽으로 | seo-jjo-geu-ro |
| no oeste | 서쪽에 | seo-jjo-ge |
| ocidental (adj) | 서쪽의 | seo-jjo-gui |
| | | |
| leste, oriente (m) | 동쪽 | dong-jjok |
| para leste | 동쪽으로 | dong-jjo-geu-ro |
| no leste | 동쪽에 | dong-jjo-ge |
| oriental (adj) | 동쪽의 | dong-jjo-gui |

## 167. Mar. Oceano

| | | |
|---|---|---|
| mar (m) | 바다 | ba-da |
| oceano (m) | 대양 | dae-yang |
| golfo (m) | 만 | man |
| estreito (m) | 해협 | hae-hyeop |
| | | |
| continente (m) | 대륙 | dae-ryuk |
| ilha (f) | 섬 | seom |
| península (f) | 반도 | ban-do |
| arquipélago (m) | 군도 | gun-do |
| | | |
| baía (f) | 만 | man |
| porto (m) | 항구 | hang-gu |
| lagoa (f) | 석호 | seok-o |
| cabo (m) | 곶 | got |
| | | |
| atol (m) | 환초 | hwan-cho |
| recife (m) | 암초 | am-cho |
| coral (m) | 산호 | san-ho |
| recife (m) de coral | 산호초 | san-ho-cho |
| | | |
| profundo (adj) | 깊은 | gi-peun |
| profundidade (f) | 깊이 | gi-pi |
| fossa (f) oceânica | 해구 | hae-gu |
| | | |
| corrente (f) | 해류 | hae-ryu |
| banhar (vt) | 둘러싸다 | dul-leo-ssa-da |
| | | |
| litoral (m) | 해변 | hae-byeon |
| costa (f) | 바닷가 | ba-dat-ga |

| | | |
|---|---|---|
| maré (f) alta | 밀물 | mil-mul |
| refluxo (m) | 썰물 | sseol-mul |
| restinga (f) | 모래톱 | mo-rae-top |
| fundo (m) | 해저 | hae-jeo |
| | | |
| onda (f) | 파도 | pa-do |
| crista (f) da onda | 물마루 | mul-ma-ru |
| espuma (f) | 거품 | geo-pum |
| | | |
| furacão (m) | 허리케인 | heo-ri-ke-in |
| tsunami (m) | 해일 | hae-il |
| calmaria (f) | 고요함 | go-yo-ham |
| calmo (adj) | 고요한 | go-yo-han |
| | | |
| polo (m) | 극 | geuk |
| polar (adj) | 극지의 | geuk-ji-ui |
| | | |
| latitude (f) | 위도 | wi-do |
| longitude (f) | 경도 | gyeong-do |
| paralela (f) | 위도선 | wi-do-seon |
| equador (m) | 적도 | jeok-do |
| | | |
| céu (m) | 하늘 | ha-neul |
| horizonte (m) | 수평선 | su-pyeong-seon |
| ar (m) | 공기 | gong-gi |
| | | |
| farol (m) | 등대 | deung-dae |
| mergulhar (vi) | 뛰어들다 | ttwi-eo-deul-da |
| afundar-se (vr) | 가라앉다 | ga-ra-an-da |
| tesouros (m pl) | 보물 | bo-mul |

## 168. Montanhas

| | | |
|---|---|---|
| montanha (f) | 산 | san |
| cordilheira (f) | 산맥 | san-maek |
| serra (f) | 능선 | neung-seon |
| | | |
| cume (m) | 정상 | jeong-sang |
| pico (m) | 봉우리 | bong-u-ri |
| pé (m) | 기슭 | gi-seuk |
| declive (m) | 경사면 | gyeong-sa-myeon |
| | | |
| vulcão (m) | 화산 | hwa-san |
| vulcão (m) ativo | 활화산 | hwal-hwa-san |
| vulcão (m) extinto | 사화산 | sa-hwa-san |
| | | |
| erupção (f) | 폭발 | pok-bal |
| cratera (f) | 분화구 | bun-hwa-gu |
| magma (m) | 마그마 | ma-geu-ma |
| lava (f) | 용암 | yong-am |
| fundido (lava ~a) | 녹은 | no-geun |
| | | |
| cânion, desfiladeiro (m) | 협곡 | hyeop-gok |
| garganta (f) | 협곡 | hyeop-gok |

| fenda (f) | 갈라진 | gal-la-jin |
| passo, colo (m) | 산길 | san-gil |
| planalto (m) | 고원 | go-won |
| falésia (f) | 절벽 | jeol-byeok |
| colina (f) | 언덕, 작은 산 | eon-deok, ja-geun san |

| geleira (f) | 빙하 | bing-ha |
| cachoeira (f) | 폭포 | pok-po |
| gêiser (m) | 간헐천 | gan-heol-cheon |
| lago (m) | 호수 | ho-su |

| planície (f) | 평원 | pyeong-won |
| paisagem (f) | 경관 | gyeong-gwan |
| eco (m) | 메아리 | me-a-ri |

| alpinista (m) | 등산가 | deung-san-ga |
| escalador (m) | 암벽 등반가 | am-byeok deung-ban-ga |
| conquistar (vt) | 정복하다 | jeong-bok-a-da |
| subida, escalada (f) | 등반 | deung-ban |

## 169. Rios

| rio (m) | 강 | gang |
| fonte, nascente (f) | 샘 | saem |
| leito (m) de rio | 강바닥 | gang-ba-dak |
| bacia (f) | 유역 | yu-yeok |
| desaguar no ... | ... 로 흘러가다 | ... ro heul-leo-ga-da |

| afluente (m) | 지류 | ji-ryu |
| margem (do rio) | 둑 | duk |

| corrente (f) | 흐름 | heu-reum |
| rio abaixo | 하류로 | gang ha-ryu-ro |
| rio acima | 상류로 | sang-nyu-ro |

| inundação (f) | 홍수 | hong-su |
| cheia (f) | 홍수 | hong-su |
| transbordar (vi) | 범람하다 | beom-nam-ha-da |
| inundar (vt) | 범람하다 | beom-nam-ha-da |

| banco (m) de areia | 얕은 곳 | ya-teun got |
| corredeira (f) | 여울 | yeo-ul |

| barragem (f) | 댐 | daem |
| canal (m) | 운하 | un-ha |
| reservatório (m) de água | 저수지 | jeo-su-ji |
| eclusa (f) | 수문 | su-mun |

| corpo (m) de água | 저장 수량 | jeo-jang su-ryang |
| pântano (m) | 늪, 소택지 | neup, so-taek-ji |
| lamaçal (m) | 수렁 | su-reong |
| redemoinho (m) | 소용돌이 | so-yong-do-ri |
| riacho (m) | 개울, 시내 | gae-ul, si-nae |
| potável (adj) | 마실 수 있는 | ma-sil su in-neun |

| | | |
|---|---|---|
| doce (água) | 민물의 | min-mu-rui |
| gelo (m) | 얼음 | eo-reum |
| congelar-se (vr) | 얼다 | eol-da |

## 170. Floresta

| | | |
|---|---|---|
| floresta (f), bosque (m) | 숲 | sup |
| florestal (adj) | 산림의 | sal-li-mui |
| | | |
| mata (f) fechada | 밀림 | mil-lim |
| arvoredo (m) | 작은 숲 | ja-geun sup |
| clareira (f) | 빈터 | bin-teo |
| | | |
| matagal (m) | 덤불 | deom-bul |
| mato (m), caatinga (f) | 관목지 | gwan-mok-ji |
| | | |
| pequena trilha (f) | 오솔길 | o-sol-gil |
| ravina (f) | 도랑 | do-rang |
| | | |
| árvore (f) | 나무 | na-mu |
| folha (f) | 잎 | ip |
| folhagem (f) | 나뭇잎 | na-mun-nip |
| | | |
| queda (f) das folhas | 낙엽 | na-gyeop |
| cair (vi) | 떨어지다 | tteo-reo-ji-da |
| | | |
| ramo (m) | 가지 | ga-ji |
| galho (m) | 큰 가지 | keun ga-ji |
| botão (m) | 잎눈 | im-nun |
| agulha (f) | 바늘 | ba-neul |
| pinha (f) | 솔방울 | sol-bang-ul |
| | | |
| buraco (m) de árvore | 구멍 | gu-meong |
| ninho (m) | 둥지 | dung-ji |
| toca (f) | 굴 | gul |
| | | |
| tronco (m) | 몸통 | mom-tong |
| raiz (f) | 뿌리 | ppu-ri |
| casca (f) de árvore | 껍질 | kkeop-jil |
| musgo (m) | 이끼 | i-kki |
| | | |
| arrancar pela raiz | 수목을 통제 뽑다 | su-mo-geul tong-jjae ppop-da |
| cortar (vt) | 자르다 | ja-reu-da |
| desflorestar (vt) | 삼림을 없애다 | sam-ni-meul reop-sae-da |
| toco, cepo (m) | 그루터기 | geu-ru-teo-gi |
| | | |
| fogueira (f) | 모닥불 | mo-dak-bul |
| incêndio (m) florestal | 산불 | san-bul |
| apagar (vt) | 끄다 | kkeu-da |
| | | |
| guarda-parque (m) | 산림경비원 | sal-lim-gyeong-bi-won |
| proteção (f) | 보호 | bo-ho |
| proteger (a natureza) | 보호하다 | bo-ho-ha-da |
| caçador (m) furtivo | 밀렵자 | mil-lyeop-ja |

| | | |
|---|---|---|
| armadilha (f) | 덫 | deot |
| colher (cogumelos, bagas) | 따다 | tta-da |
| perder-se (vr) | 길을 잃다 | gi-reul ril-ta |

## 171. Recursos naturais

| | | |
|---|---|---|
| recursos (m pl) naturais | 천연 자원 | cheo-nyeon ja-won |
| depósitos (m pl) | 매장량 | mae-jang-nyang |
| jazida (f) | 지역 | ji-yeok |
| | | |
| extrair (vt) | 채광하다 | chae-gwang-ha-da |
| extração (f) | 막장일 | mak-jang-il |
| minério (m) | 광석 | gwang-seok |
| mina (f) | 광산 | gwang-san |
| poço (m) de mina | 갱도 | gaeng-do |
| mineiro (m) | 광부 | gwang-bu |
| | | |
| gás (m) | 가스 | ga-seu |
| gasoduto (m) | 가스관 | ga-seu-gwan |
| | | |
| petróleo (m) | 석유 | seo-gyu |
| oleoduto (m) | 석유 파이프라인 | seo-gyu pa-i-peu-ra-in |
| poço (m) de petróleo | 유정 | yu-jeong |
| torre (f) petrolífera | 유정탑 | yu-jeong-tap |
| petroleiro (m) | 유조선 | yu-jo-seon |
| | | |
| areia (f) | 모래 | mo-rae |
| calcário (m) | 석회석 | seok-oe-seok |
| cascalho (m) | 자갈 | ja-gal |
| turfa (f) | 토탄 | to-tan |
| argila (f) | 점토 | jeom-to |
| carvão (m) | 석탄 | seok-tan |
| | | |
| ferro (m) | 철 | cheol |
| ouro (m) | 금 | geum |
| prata (f) | 은 | eun |
| níquel (m) | 니켈 | ni-kel |
| cobre (m) | 구리 | gu-ri |
| | | |
| zinco (m) | 아연 | a-yeon |
| manganês (m) | 망간 | mang-gan |
| mercúrio (m) | 수은 | su-eun |
| chumbo (m) | 납 | nap |
| | | |
| mineral (m) | 광물 | gwang-mul |
| cristal (m) | 수정 | su-jeong |
| mármore (m) | 대리석 | dae-ri-seok |
| urânio (m) | 우라늄 | u-ra-nyum |

# A Terra. Parte 2

## 172. Tempo

| | | |
|---|---|---|
| tempo (m) | 날씨 | nal-ssi |
| previsão (f) do tempo | 일기 예보 | il-gi ye-bo |
| temperatura (f) | 온도 | on-do |
| termômetro (m) | 온도계 | on-do-gye |
| barômetro (m) | 기압계 | gi-ap-gye |
| | | |
| umidade (f) | 습함, 습기 | seu-pam, seup-gi |
| calor (m) | 더위 | deo-wi |
| | | |
| tórrido (adj) | 더운 | deo-un |
| está muito calor | 덥다 | deop-da |
| | | |
| está calor | 따뜻하다 | tta-tteu-ta-da |
| quente (morno) | 따뜻한 | tta-tteu-tan |
| | | |
| está frio | 춥다 | chup-da |
| frio (adj) | 추운 | chu-un |
| | | |
| sol (m) | 해 | hae |
| brilhar (vi) | 빛나다 | bin-na-da |
| de sol, ensolarado | 화창한 | hwa-chang-han |
| | | |
| nascer (vi) | 뜨다 | tteu-da |
| pôr-se (vr) | 지다 | ji-da |
| | | |
| nuvem (f) | 구름 | gu-reum |
| nublado (adj) | 구름의 | gu-reum-ui |
| escuro, cinzento (adj) | 흐린 | heu-rin |
| | | |
| chuva (f) | 비 | bi |
| está a chover | 비가 오다 | bi-ga o-da |
| | | |
| chuvoso (adj) | 비가 오는 | bi-ga o-neun |
| chuviscar (vi) | 이슬비가 내리다 | i-seul-bi-ga nae-ri-da |
| | | |
| chuva (f) torrencial | 억수 | eok-su |
| aguaceiro (m) | 호우 | ho-u |
| forte (chuva, etc.) | 심한 | sim-han |
| | | |
| poça (f) | 웅덩이 | ung-deong-i |
| molhar-se (vr) | 젖다 | jeot-da |
| | | |
| nevoeiro (m) | 안개 | an-gae |
| de nevoeiro | 안개가 자욱한 | an-gae-ga ja-uk-an |
| neve (f) | 눈 | nun |
| está nevando | 눈이 오다 | nun-i o-da |

## 173. Tempo extremo. Catástrofes naturais

| | | |
|---|---|---|
| trovoada (f) | 뇌우 | noe-u |
| relâmpago (m) | 번개 | beon-gae |
| relampejar (vi) | 번쩍이다 | beon-jjeo-gi-da |
| | | |
| trovão (m) | 천둥 | cheon-dung |
| trovejar (vi) | 천둥이 치다 | cheon-dung-i chi-da |
| está trovejando | 천둥이 치다 | cheon-dung-i chi-da |
| | | |
| granizo (m) | 싸락눈 | ssa-rang-nun |
| está caindo granizo | 싸락눈이 내리다 | ssa-rang-nun-i nae-ri-da |
| | | |
| inundar (vt) | 범람하다 | beom-nam-ha-da |
| inundação (f) | 홍수 | hong-su |
| | | |
| terremoto (m) | 지진 | ji-jin |
| abalo, tremor (m) | 진동 | jin-dong |
| epicentro (m) | 진앙 | jin-ang |
| | | |
| erupção (f) | 폭발 | pok-bal |
| lava (f) | 용암 | yong-am |
| | | |
| tornado (m) | 회오리바람 | hoe-o-ri-ba-ram |
| tornado (m) | 토네이도 | to-ne-i-do |
| tufão (m) | 태풍 | tae-pung |
| | | |
| furacão (m) | 허리케인 | heo-ri-ke-in |
| tempestade (f) | 폭풍우 | pok-pung-u |
| tsunami (m) | 해일 | hae-il |
| | | |
| incêndio (m) | 불 | bul |
| catástrofe (f) | 재해 | jae-hae |
| meteorito (m) | 운석 | un-seok |
| | | |
| avalanche (f) | 눈사태 | nun-sa-tae |
| deslizamento (m) de neve | 눈사태 | nun-sa-tae |
| nevasca (f) | 눈보라 | nun-bo-ra |
| tempestade (f) de neve | 눈보라 | nun-bo-ra |

# Fauna

## 174. Mamíferos. Predadores

| | | |
|---|---|---|
| predador (m) | 육식 동물 | yuk-sik dong-mul |
| tigre (m) | 호랑이 | ho-rang-i |
| leão (m) | 사자 | sa-ja |
| lobo (m) | 이리 | i-ri |
| raposa (f) | 여우 | yeo-u |
| jaguar (m) | 재규어 | jae-gyu-eo |
| leopardo (m) | 표범 | pyo-beom |
| chita (f) | 치타 | chi-ta |
| puma (m) | 퓨마 | pyu-ma |
| leopardo-das-neves (m) | 눈표범 | nun-pyo-beom |
| lince (m) | 스라소니 | seu-ra-so-ni |
| coiote (m) | 코요테 | ko-yo-te |
| chacal (m) | 재칼 | jae-kal |
| hiena (f) | 하이에나 | ha-i-e-na |

## 175. Animais selvagens

| | | |
|---|---|---|
| animal (m) | 동물 | dong-mul |
| besta (f) | 짐승 | jim-seung |
| esquilo (m) | 다람쥐 | da-ram-jwi |
| ouriço (m) | 고슴도치 | go-seum-do-chi |
| lebre (f) | 토끼 | to-kki |
| coelho (m) | 굴토끼 | gul-to-kki |
| texugo (m) | 오소리 | o-so-ri |
| guaxinim (m) | 너구리 | neo-gu-ri |
| hamster (m) | 햄스터 | haem-seu-teo |
| marmota (f) | 마멋 | ma-meot |
| toupeira (f) | 두더지 | du-deo-ji |
| rato (m) | 생쥐 | saeng-jwi |
| ratazana (f) | 시궁쥐 | si-gung-jwi |
| morcego (m) | 박쥐 | bak-jwi |
| arminho (m) | 북방족제비 | buk-bang-jok-je-bi |
| zibelina (f) | 검은담비 | geo-meun-dam-bi |
| marta (f) | 담비 | dam-bi |
| visom (m) | 밍크 | ming-keu |
| castor (m) | 비버 | bi-beo |
| lontra (f) | 수달 | su-dal |

| | | |
|---|---|---|
| cavalo (m) | 말 | mal |
| alce (m) | 엘크, 무스 | el-keu, mu-seu |
| veado (m) | 사슴 | sa-seum |
| camelo (m) | 낙타 | nak-ta |
| | | |
| bisão (m) | 미국들소 | mi-guk-deul-so |
| auroque (m) | 유럽들소 | yu-reop-deul-so |
| búfalo (m) | 물소 | mul-so |
| | | |
| zebra (f) | 얼룩말 | eol-lung-mal |
| antílope (m) | 영양 | yeong-yang |
| corça (f) | 노루 | no-ru |
| gamo (m) | 다마사슴 | da-ma-sa-seum |
| camurça (f) | 샤모아 | sya-mo-a |
| javali (m) | 멧돼지 | met-dwae-ji |
| | | |
| baleia (f) | 고래 | go-rae |
| foca (f) | 바다표범 | ba-da-pyo-beom |
| morsa (f) | 바다코끼리 | ba-da-ko-kki-ri |
| urso-marinho (m) | 물개 | mul-gae |
| golfinho (m) | 돌고래 | dol-go-rae |
| | | |
| urso (m) | 곰 | gom |
| urso (m) polar | 북극곰 | buk-geuk-gom |
| panda (m) | 판다 | pan-da |
| | | |
| macaco (m) | 원숭이 | won-sung-i |
| chimpanzé (m) | 침팬지 | chim-paen-ji |
| orangotango (m) | 오랑우탄 | o-rang-u-tan |
| gorila (m) | 고릴라 | go-ril-la |
| macaco (m) | 마카크 | ma-ka-keu |
| gibão (m) | 긴팔원숭이 | gin-pa-rwon-sung-i |
| | | |
| elefante (m) | 코끼리 | ko-kki-ri |
| rinoceronte (m) | 코뿔소 | ko-ppul-so |
| girafa (f) | 기린 | gi-rin |
| hipopótamo (m) | 하마 | ha-ma |
| | | |
| canguru (m) | 캥거루 | kaeng-geo-ru |
| coala (m) | 코알라 | ko-al-la |
| | | |
| mangusto (m) | 몽구스 | mong-gu-seu |
| chinchila (f) | 친칠라 | chin-chil-la |
| cangambá (f) | 스컹크 | seu-keong-keu |
| porco-espinho (m) | 호저 | ho-jeo |

## 176. Animais domésticos

| | | |
|---|---|---|
| gata (f) | 고양이 | go-yang-i |
| gato (m) macho | 수고양이 | su-go-yang-i |
| | | |
| cavalo (m) | 말 | mal |
| garanhão (m) | 수말, 종마 | su-mal, jong-ma |
| égua (f) | 암말 | am-mal |

| | | |
|---|---|---|
| vaca (f) | 암소 | am-so |
| touro (m) | 황소 | hwang-so |
| boi (m) | 수소 | su-so |
| | | |
| ovelha (f) | 양, 암양 | yang, a-myang |
| carneiro (m) | 수양 | su-yang |
| cabra (f) | 염소 | yeom-so |
| bode (m) | 숫염소 | sun-nyeom-so |
| | | |
| burro (m) | 당나귀 | dang-na-gwi |
| mula (f) | 노새 | no-sae |
| | | |
| porco (m) | 돼지 | dwae-ji |
| leitão (m) | 돼지 새끼 | dwae-ji sae-kki |
| coelho (m) | 집토끼 | jip-to-kki |
| | | |
| galinha (f) | 암닭 | am-tak |
| galo (m) | 수탉 | su-tak |
| | | |
| pata (f), pato (m) | 집오리 | ji-bo-ri |
| pato (m) | 수오리 | su-o-ri |
| ganso (m) | 집거위 | jip-geo-wi |
| | | |
| peru (m) | 수칠면조 | su-chil-myeon-jo |
| perua (f) | 칠면조 | chil-myeon-jo |
| | | |
| animais (m pl) domésticos | 가축 | ga-chuk |
| domesticado (adj) | 길들여진 | gil-deu-ryeo-jin |
| domesticar (vt) | 길들이다 | gil-deu-ri-da |
| criar (vt) | 사육하다, 기르다 | sa-yuk-a-da, gi-reu-da |
| | | |
| fazenda (f) | 농장 | nong-jang |
| aves (f pl) domésticas | 가금 | ga-geum |
| gado (m) | 가축 | ga-chuk |
| rebanho (m), manada (f) | 떼 | tte |
| | | |
| estábulo (m) | 마구간 | ma-gu-gan |
| chiqueiro (m) | 돼지 우리 | dwae-ji u-ri |
| estábulo (m) | 외양간 | oe-yang-gan |
| coelheira (f) | 토끼장 | to-kki-jang |
| galinheiro (m) | 닭장 | dak-jang |

## 177. Cães. Raças de cães

| | | |
|---|---|---|
| cão (m) | 개 | gae |
| cão pastor (m) | 양치기 개 | yang-chi-gi gae |
| poodle (m) | 푸들 | pu-deul |
| linguicinha (m) | 닥스훈트 | dak-seu-hun-teu |
| | | |
| buldogue (m) | 불독 | bul-dok |
| boxer (m) | 복서 | bok-seo |
| mastim (m) | 매스티프 | mae-seu-ti-peu |
| rottweiler (m) | 로트와일러 | ro-teu-wa-il-leo |
| dóberman (m) | 도베르만 | do-be-reu-man |

| | | |
|---|---|---|
| basset (m) | 바셋 하운드 | ba-set ta-un-deu |
| pastor inglês (m) | 밥테일 | bap-te-il |
| dálmata (m) | 달마시안 | dal-ma-si-an |
| cocker spaniel (m) | 코커 스패니얼 | ko-keo seu-pae-ni-eol |
| | | |
| terra-nova (m) | 뉴펀들랜드 | nyu-peon-deul-laen-deu |
| são-bernardo (m) | 세인트버나드 | se-in-teu-beo-na-deu |
| | | |
| husky (m) siberiano | 허스키 | heo-seu-ki |
| spitz alemão (m) | 스피츠 | seu-pi-cheu |
| pug (m) | 퍼그 | peo-geu |

## 178. Sons produzidos pelos animais

| | | |
|---|---|---|
| latido (m) | 짖는 소리 | jin-neun so-ri |
| latir (vi) | 짖다 | jit-da |
| miar (vi) | 야옹 하고 울다 | ya-ong ha-go ul-da |
| ronronar (vi) | 목을 가르랑거리다 | mo-geul ga-reu-rang-geo-ri-da |
| | | |
| mugir (vaca) | 음매 울다 | eum-mae ul-da |
| bramir (touro) | 우렁찬 소리를 내다 | u-reong-chan so-ri-reul lae-da |
| | | |
| rosnar (vi) | 으르렁거리다 | eu-reu-reong-geo-ri-da |
| | | |
| uivo (m) | 울부짖음 | ul-bu-ji-jeum |
| uivar (vi) | 울다 | ul-da |
| ganir (vi) | 낑낑거리다 | kking-kking-geo-ri-da |
| | | |
| balir (vi) | 매애하고 울다 | mae-ae-ha-go ul-da |
| grunhir (vi) | 꿀꿀거리다 | kkul-kkul-geo-ri-da |
| guinchar (vi) | 하는 소리를 내다 | ha-neun so-ri-reul lae-da |
| | | |
| coaxar (sapo) | 개골개골하다 | gae-gol-gae-gol-ha-da |
| zumbir (inseto) | 윙윙거리다 | wing-wing-geo-ri-da |
| ziziar (vi) | 찌르찌르 울다 | jji-reu-jji-reu ul-da |

## 179. Pássaros

| | | |
|---|---|---|
| pássaro (m), ave (f) | 새 | sae |
| pombo (m) | 비둘기 | bi-dul-gi |
| pardal (m) | 참새 | cham-sae |
| chapim-real (m) | 박새 | bak-sae |
| pega-rabuda (f) | 까치 | kka-chi |
| | | |
| corvo (m) | 갈가마귀 | gal-ga-ma-gwi |
| gralha-cinzenta (f) | 까마귀 | kka-ma-gwi |
| gralha-de-nuca-cinzenta (f) | 갈가마귀 | gal-ga-ma-gwi |
| gralha-calva (f) | 떼까마귀 | ttae-kka-ma-gwi |
| | | |
| pato (m) | 오리 | o-ri |
| ganso (m) | 거위 | geo-wi |

| | | |
|---|---|---|
| faisão (m) | 꿩 | kkwong |
| águia (f) | 독수리 | dok-su-ri |
| açor (m) | 매 | mae |
| falcão (m) | 매 | mae |
| abutre (m) | 독수리, 콘도르 | dok-su-ri, kon-do-reu |
| condor (m) | 콘도르 | kon-do-reu |
| | | |
| cisne (m) | 백조 | baek-jo |
| grou (m) | 두루미 | du-ru-mi |
| cegonha (f) | 황새 | hwang-sae |
| | | |
| papagaio (m) | 앵무새 | aeng-mu-sae |
| beija-flor (m) | 벌새 | beol-sae |
| pavão (m) | 공작 | gong-jak |
| | | |
| avestruz (m) | 타조 | ta-jo |
| garça (f) | 왜가리 | wae-ga-ri |
| flamingo (m) | 플라밍고 | peul-la-ming-go |
| pelicano (m) | 펠리컨 | pel-li-keon |
| | | |
| rouxinol (m) | 나이팅게일 | na-i-ting-ge-il |
| andorinha (f) | 제비 | je-bi |
| | | |
| tordo-zornal (m) | 지빠귀 | ji-ppa-gwi |
| tordo-músico (m) | 노래지빠귀 | no-rae-ji-ppa-gwi |
| melro-preto (m) | 대륙검은지빠귀 | dae-ryuk-geo-meun-ji-ppa-gwi |
| | | |
| andorinhão (m) | 칼새 | kal-sae |
| cotovia (f) | 종다리 | jong-da-ri |
| codorna (f) | 메추라기 | me-chu-ra-gi |
| | | |
| pica-pau (m) | 딱따구리 | ttak-tta-gu-ri |
| cuco (m) | 뻐꾸기 | ppeo-kku-gi |
| coruja (f) | 올빼미 | ol-ppae-mi |
| bufo-real (m) | 수리부엉이 | su-ri-bu-eong-i |
| tetraz-grande (m) | 큰뇌조 | keun-noe-jo |
| tetraz-lira (m) | 멧닭 | met-dak |
| perdiz-cinzenta (f) | 자고 | ja-go |
| | | |
| estorninho (m) | 찌르레기 | jji-reu-re-gi |
| canário (m) | 카나리아 | ka-na-ri-a |
| tentilhão (m) | 되새 | doe-sae |
| dom-fafe (m) | 피리새 | pi-ri-sae |
| | | |
| gaivota (f) | 갈매기 | gal-mae-gi |
| albatroz (m) | 신천옹 | sin-cheon-ong |
| pinguim (m) | 펭귄 | peng-gwin |

## 180. Pássaros. Canto e sons

| | | |
|---|---|---|
| cantar (vi) | 노래하다 | no-rae-ha-da |
| gritar, chamar (vi) | 울다 | ul-da |
| cantar (o galo) | 꼬끼오 하고 울다 | kko-kki-o ha-go ul-da |

| | | |
|---|---|---|
| cocorocó (m) | 꼬끼오 | kko-kki-o |
| cacarejar (vi) | 꼬꼬댁거리다 | kko-kko-daek-geo-ri-da |
| crocitar (vi) | 까악까악 울다 | kka-ak-kka-ak gul-da |
| grasnar (vi) | 꽥꽥 울다 | kkwaek-kkwaek gul-da |
| piar (vi) | 삐약삐약 울다 | ppi-yak-ppi-yak gul-da |
| chilrear, gorjear (vi) | 짹짹 울다 | jjaek-jjaek gul-da |

## 181. Peixes. Animais marinhos

| | | |
|---|---|---|
| brema (f) | 도미류 | do-mi-ryu |
| carpa (f) | 잉어 | ing-eo |
| perca (f) | 농어의 일종 | nong-eo-ui il-jong |
| siluro (m) | 메기 | me-gi |
| lúcio (m) | 북부민물꼬치고기 | buk-bu-min-mul-kko-chi-go-gi |
| | | |
| salmão (m) | 연어 | yeon-eo |
| esturjão (m) | 철갑상어 | cheol-gap-sang-eo |
| | | |
| arenque (m) | 청어 | cheong-eo |
| salmão (m) do Atlântico | 대서양 연어 | dae-seo-yang yeon-eo |
| cavala, sarda (f) | 고등어 | go-deung-eo |
| solha (f), linguado (m) | 넙치 | neop-chi |
| | | |
| bacalhau (m) | 대구 | dae-gu |
| atum (m) | 참치 | cham-chi |
| truta (f) | 송어 | song-eo |
| | | |
| enguia (f) | 뱀장어 | baem-jang-eo |
| raia (f) elétrica | 시끈가오리 | si-kkeun-ga-o-ri |
| moreia (f) | 곰치 | gom-chi |
| piranha (f) | 피라니아 | pi-ra-ni-a |
| tubarão (m) | 상어 | sang-eo |
| golfinho (m) | 돌고래 | dol-go-rae |
| baleia (f) | 고래 | go-rae |
| | | |
| caranguejo (m) | 게 | ge |
| água-viva (f) | 해파리 | hae-pa-ri |
| polvo (m) | 낙지 | nak-ji |
| | | |
| estrela-do-mar (f) | 불가사리 | bul-ga-sa-ri |
| ouriço-do-mar (m) | 성게 | seong-ge |
| cavalo-marinho (m) | 해마 | hae-ma |
| | | |
| ostra (f) | 굴 | gul |
| camarão (m) | 새우 | sae-u |
| lagosta (f) | 바닷가재 | ba-dat-ga-jae |
| lagosta (f) | 대하 | dae-ha |

## 182. Anfíbios. Répteis

| | | |
|---|---|---|
| cobra (f) | 뱀 | baem |
| venenoso (adj) | 독이 있는 | do-gi in-neun |

| | | |
|---|---|---|
| víbora (f) | 살무사 | sal-mu-sa |
| naja (f) | 코브라 | ko-beu-ra |
| píton (m) | 비단뱀 | bi-dan-baem |
| jiboia (f) | 보아 | bo-a |
| | | |
| cobra-de-água (f) | 물뱀 | pul-baem |
| cascavel (f) | 방울뱀 | bang-ul-baem |
| anaconda (f) | 아나콘다 | a-na-kon-da |
| | | |
| lagarto (m) | 도마뱀 | do-ma-baem |
| iguana (f) | 이구아나 | i-gu-a-na |
| salamandra (f) | 도롱뇽 | do-rong-nyong |
| camaleão (m) | 카멜레온 | ka-mel-le-on |
| escorpião (m) | 전갈 | jeon-gal |
| | | |
| tartaruga (f) | 거북 | geo-buk |
| rã (f) | 개구리 | gae-gu-ri |
| sapo (m) | 두꺼비 | du-kkeo-bi |
| crocodilo (m) | 악어 | a-geo |

## 183. Insetos

| | | |
|---|---|---|
| inseto (m) | 곤충 | gon-chung |
| borboleta (f) | 나비 | na-bi |
| formiga (f) | 개미 | gae-mi |
| mosca (f) | 파리 | pa-ri |
| mosquito (m) | 모기 | mo-gi |
| escaravelho (m) | 딱정벌레 | ttak-jeong-beol-le |
| | | |
| vespa (f) | 말벌 | mal-beol |
| abelha (f) | 꿀벌 | kkul-beol |
| mamangaba (f) | 호박벌 | ho-bak-beol |
| moscardo (m) | 쇠파리 | soe-pa-ri |
| | | |
| aranha (f) | 거미 | geo-mi |
| teia (f) de aranha | 거미줄 | geo-mi-jul |
| | | |
| libélula (f) | 잠자리 | jam-ja-ri |
| gafanhoto (m) | 메뚜기 | me-ttu-gi |
| traça (f) | 나방 | na-bang |
| | | |
| barata (f) | 바퀴벌레 | ba-kwi-beol-le |
| carrapato (m) | 진드기 | jin-deu-gi |
| pulga (f) | 벼룩 | byeo-ruk |
| borrachudo (m) | 깔따구 | kkal-tta-gu |
| | | |
| gafanhoto (m) | 메뚜기 | me-ttu-gi |
| caracol (m) | 달팽이 | dal-paeng-i |
| grilo (m) | 귀뚜라미 | gwi-ttu-ra-mi |
| pirilampo, vaga-lume (m) | 개똥벌레 | gae-ttong-beol-le |
| joaninha (f) | 무당벌레 | mu-dang-beol-le |
| besouro (m) | 왕풍뎅이 | wang-pung-deng-i |
| sanguessuga (f) | 거머리 | geo-meo-ri |
| lagarta (f) | 애벌레 | ae-beol-le |

| | | |
|---|---|---|
| minhoca (f) | 지렁이 | ji-reong-i |
| larva (f) | 애벌레 | ae-beol-le |

## 184. Animais. Partes do corpo

| | | |
|---|---|---|
| bico (m) | 부리 | bu-ri |
| asas (f pl) | 날개 | nal-gae |
| pata (f) | 다리 | da-ri |
| plumagem (f) | 깃털 | git-teol |
| pena, pluma (f) | 깃털 | git-teol |
| crista (f) | 볏 | byeot |
| | | |
| brânquias, guelras (f pl) | 아가미 | a-ga-mi |
| ovas (f pl) | 알을 낳다 | a-reul la-ta |
| larva (f) | 애벌레 | ae-beol-le |
| barbatana (f) | 지느러미 | ji-neu-reo-mi |
| escama (f) | 비늘 | bi-neul |
| | | |
| presa (f) | 송곳니 | song-gon-ni |
| pata (f) | 발 | bal |
| focinho (m) | 주둥이 | ju-dung-i |
| boca (f) | 입 | ip |
| cauda (f), rabo (m) | 꼬리 | kko-ri |
| bigodes (m pl) | 수염 | su-yeom |
| | | |
| casco (m) | 발굽 | bal-gup |
| corno (m) | 뿔 | ppul |
| | | |
| carapaça (f) | 등딱지 | deung-ttak-ji |
| concha (f) | 조개 껍질 | jo-gae kkeop-jil |
| casca (f) de ovo | 달걀 껍질 | dal-gyal kkeop-jil |
| | | |
| pelo (m) | 털 | teol |
| pele (f), couro (m) | 가죽 | ga-juk |

## 185. Animais. Habitats

| | | |
|---|---|---|
| hábitat (m) | 서식지 | seo-sik-ji |
| migração (f) | 이동 | i-dong |
| | | |
| montanha (f) | 산 | san |
| recife (m) | 암초 | am-cho |
| falésia (f) | 절벽 | jeol-byeok |
| | | |
| floresta (f) | 숲 | sup |
| selva (f) | 정글 | jeong-geul |
| savana (f) | 대초원 | dae-cho-won |
| tundra (f) | 툰드라 | tun-deu-ra |
| | | |
| estepe (f) | 스텝 지대 | seu-tep ji-dae |
| deserto (m) | 사막 | sa-mak |
| oásis (m) | 오아시스 | o-a-si-seu |

| mar (m) | 바다 | ba-da |
| lago (m) | 호수 | ho-su |
| oceano (m) | 대양 | dae-yang |

| pântano (m) | 늪, 소택지 | neup, so-taek-ji |
| de água doce | 민물의 | min-mu-rui |
| lagoa (f) | 연못 | yeon-mot |
| rio (m) | 강 | gang |

| toca (f) do urso | 굴 | gul |
| ninho (m) | 둥지 | dung-ji |
| buraco (m) de árvore | 구멍 | gu-meong |
| toca (f) | 굴 | gul |
| formigueiro (m) | 개미탑 | gae-mi-tap |

# Flora

## 186. Árvores

| | | |
|---|---|---|
| árvore (f) | 나무 | na-mu |
| decídua (adj) | 낙엽수의 | na-gyeop-su-ui |
| conífera (adj) | 침엽수의 | chi-myeop-su-ui |
| perene (adj) | 상록의 | sang-no-gui |
| | | |
| macieira (f) | 사과나무 | sa-gwa-na-mu |
| pereira (f) | 배나무 | bae-na-mu |
| cerejeira, ginjeira (f) | 벚나무 | beon-na-mu |
| ameixeira (f) | 자두나무 | ja-du-na-mu |
| | | |
| bétula (f) | 자작나무 | ja-jang-na-mu |
| carvalho (m) | 오크 | o-keu |
| tília (f) | 보리수 | bo-ri-su |
| choupo-tremedor (m) | 사시나무 | sa-si-na-mu |
| bordo (m) | 단풍나무 | dan-pung-na-mu |
| | | |
| espruce (m) | 가문비나무 | ga-mun-bi-na-mu |
| pinheiro (m) | 소나무 | so-na-mu |
| alerce, lariço (m) | 낙엽송 | na-gyeop-song |
| abeto (m) | 전나무 | jeon-na-mu |
| cedro (m) | 시다 | si-da |
| choupo, álamo (m) | 포플러 | po-peul-leo |
| tramazeira (f) | 마가목 | ma-ga-mok |
| salgueiro (m) | 버드나무 | beo-deu-na-mu |
| amieiro (m) | 오리나무 | o-ri-na-mu |
| | | |
| faia (f) | 너도밤나무 | neo-do-bam-na-mu |
| ulmeiro, olmo (m) | 느릅나무 | neu-reum-na-mu |
| freixo (m) | 물푸레나무 | mul-pu-re-na-mu |
| castanheiro (m) | 밤나무 | bam-na-mu |
| | | |
| magnólia (f) | 목련 | mong-nyeon |
| palmeira (f) | 야자나무 | ya-ja-na-mu |
| cipreste (m) | 사이프러스 | sa-i-peu-reo-seu |
| | | |
| mangue (m) | 맹그로브 | maeng-geu-ro-beu |
| embondeiro, baobá (m) | 바오밥나무 | ba-o-bam-na-mu |
| eucalipto (m) | 유칼립투스 | yu-kal-lip-tu-seu |
| sequoia (f) | 세쿼이아 | se-kwo-i-a |

## 187. Arbustos

| | | |
|---|---|---|
| arbusto (m) | 덤불 | deom-bul |
| arbusto (m), moita (f) | 관목 | gwan-mok |

| | | |
|---|---|---|
| videira (f) | 포도 덩굴 | po-do deong-gul |
| vinhedo (m) | 포도밭 | po-do-bat |
| | | |
| framboeseira (f) | 라즈베리 | ra-jeu-be-ri |
| groselheira-vermelha (f) | 레드커런트 나무 | re-deu-keo-reon-teu na-mu |
| groselheira (f) espinhosa | 구스베리 나무 | gu-seu-be-ri na-mu |
| | | |
| acácia (f) | 아카시아 | a-ka-si-a |
| bérberis (f) | 매자나무 | mae-ja-na-mu |
| jasmim (m) | 재스민 | jae-seu-min |
| | | |
| junípero (m) | 두송 | du-song |
| roseira (f) | 장미 덤불 | jang-mi deom-bul |
| roseira (f) brava | 찔레나무 | jjil-le-na-mu |

## 188. Cogumelos

| | | |
|---|---|---|
| cogumelo (m) | 버섯 | beo-seot |
| cogumelo (m) comestível | 식용 버섯 | si-gyong beo-seot |
| cogumelo (m) venenoso | 독버섯 | dok-beo-seot |
| chapéu (m) | 버섯의 갓 | beo-seos-ui gat |
| pé, caule (m) | 줄기 | jul-gi |
| | | |
| boleto (m) alaranjado | 등색껄껄이그물버섯 | deung-saek-kkeol-kkeo-ri-geu-mul-beo-seot |
| | | |
| boleto (m) de bétula | 거친껄껄이그물버섯 | geo-chin-kkeol-kkeo-ri-geu-mul-beo-seot |
| | | |
| cantarelo (m) | 살구버섯 | sal-gu-beo-seot |
| rússula (f) | 무당버섯 | mu-dang-beo-seot |
| | | |
| morchella (f) | 곰보버섯 | gom-bo-beo-seot |
| agário-das-moscas (m) | 광대버섯 | gwang-dae-beo-seot |
| cicuta (f) verde | 알광대버섯 | al-gwang-dae-beo-seot |

## 189. Frutos. Bagas

| | | |
|---|---|---|
| maçã (f) | 사과 | sa-gwa |
| pera (f) | 배 | bae |
| ameixa (f) | 자두 | ja-du |
| | | |
| morango (m) | 딸기 | ttal-gi |
| ginja (f) | 신양 | si-nyang |
| cereja (f) | 양벚나무 | yang-beon-na-mu |
| uva (f) | 포도 | po-do |
| | | |
| framboesa (f) | 라즈베리 | ra-jeu-be-ri |
| groselha (f) negra | 블랙커렌트 | beul-laek-keo-ren-teu |
| groselha (f) vermelha | 레드커렌트 | re-deu-keo-ren-teu |
| groselha (f) espinhosa | 구스베리 | gu-seu-be-ri |
| oxicoco (m) | 크랜베리 | keu-raen-be-ri |
| laranja (f) | 오렌지 | o-ren-ji |
| tangerina (f) | 귤 | gyul |

| abacaxi (m) | 파인애플 | pa-in-ae-peul |
| banana (f) | 바나나 | ba-na-na |
| tâmara (f) | 대추야자 | dae-chu-ya-ja |

| limão (m) | 레몬 | re-mon |
| damasco (m) | 살구 | sal-gu |
| pêssego (m) | 복숭아 | bok-sung-a |
| quiuí (m) | 키위 | ki-wi |
| toranja (f) | 자몽 | ja-mong |

| baga (f) | 장과 | jang-gwa |
| bagas (f pl) | 장과류 | jang-gwa-ryu |
| arando (m) vermelho | 월귤나무 | wol-gyul-la-mu |
| morango-silvestre (m) | 야생딸기 | ya-saeng-ttal-gi |
| mirtilo (m) | 빌베리 | bil-be-ri |

## 190. Flores. Plantas

| flor (f) | 꽃 | kkot |
| buquê (m) de flores | 꽃다발 | kkot-da-bal |

| rosa (f) | 장미 | jang-mi |
| tulipa (f) | 튤립 | tyul-lip |
| cravo (m) | 카네이션 | ka-ne-i-syeon |
| gladíolo (m) | 글라디올러스 | geul-la-di-ol-leo-seu |

| centáurea (f) | 수레국화 | su-re-guk-wa |
| campainha (f) | 실잔대 | sil-jan-dae |
| dente-de-leão (m) | 민들레 | min-deul-le |
| camomila (f) | 캐모마일 | kae-mo-ma-il |

| aloé (m) | 알로에 | al-lo-e |
| cacto (m) | 선인장 | seon-in-jang |
| fícus (m) | 고무나무 | go-mu-na-mu |

| lírio (m) | 백합 | baek-ap |
| gerânio (m) | 제라늄 | je-ra-nyum |
| jacinto (m) | 히아신스 | hi-a-sin-seu |

| mimosa (f) | 미모사 | mi-mo-sa |
| narciso (m) | 수선화 | su-seon-hwa |
| capuchinha (f) | 한련 | hal-lyeon |

| orquídea (f) | 난초 | nan-cho |
| peônia (f) | 모란 | mo-ran |
| violeta (f) | 바이올렛 | ba-i-ol-let |

| amor-perfeito (m) | 팬지 | paen-ji |
| não-me-esqueças (m) | 물망초 | mul-mang-cho |
| margarida (f) | 데이지 | de-i-ji |

| papoula (f) | 양귀비 | yang-gwi-bi |
| cânhamo (m) | 삼 | sam |
| hortelã, menta (f) | 박하 | bak-a |

| lírio-do-vale (m) | 은방울꽃 | eun-bang-ul-kkot |
| campânula-branca (f) | 스노드롭 | seu-no-deu-rop |

| urtiga (f) | 쐐기풀 | sswae-gi-pul |
| azedinha (f) | 수영 | su-yeong |
| nenúfar (m) | 수련 | su-ryeon |
| samambaia (f) | 고사리 | go-sa-ri |
| líquen (m) | 이끼 | i-kki |

| estufa (f) | 온실 | on-sil |
| gramado (m) | 잔디 | jan-di |
| canteiro (m) de flores | 꽃밭 | kkot-bat |

| planta (f) | 식물 | sing-mul |
| grama (f) | 풀 | pul |
| folha (f) de grama | 풀잎 | pu-rip |

| folha (f) | 잎 | ip |
| pétala (f) | 꽃잎 | kko-chip |
| talo (m) | 줄기 | jul-gi |
| tubérculo (m) | 구근 | gu-geun |

| broto, rebento (m) | 새싹 | sae-ssak |
| espinho (m) | 가시 | ga-si |

| florescer (vi) | 피우다 | pi-u-da |
| murchar (vi) | 시들다 | si-deul-da |
| cheiro (m) | 향기 | hyang-gi |
| cortar (flores) | 자르다 | ja-reu-da |
| colher (uma flor) | 따다 | tta-da |

## 191. Cereais, grãos

| grão (m) | 곡물 | gong-mul |
| cereais (plantas) | 곡류 | gong-nyu |
| espiga (f) | 이삭 | i-sak |

| trigo (m) | 밀 | mil |
| centeio (m) | 호밀 | ho-mil |
| aveia (f) | 귀리 | gwi-ri |
| painço (m) | 수수, 기장 | su-su, gi-jang |
| cevada (f) | 보리 | bo-ri |

| milho (m) | 옥수수 | ok-su-su |
| arroz (m) | 쌀 | ssal |
| trigo-sarraceno (m) | 메밀 | me-mil |

| ervilha (f) | 완두 | wan-du |
| feijão (m) roxo | 강낭콩 | gang-nang-kong |
| soja (f) | 콩 | kong |
| lentilha (f) | 렌즈콩 | ren-jeu-kong |
| feijão (m) | 콩 | kong |

# GEOGRAFIA REGIONAL

## Países. Nacionalidades

### 192. Política. Governo. Parte 1

| | | |
|---|---|---|
| política (f) | 정치 | jeong-chi |
| político (adj) | 정치의 | jeong-chi-ui |
| político (m) | 정치가 | jeong-chi-ga |
| | | |
| estado (m) | 국가 | guk-ga |
| cidadão (m) | 시민 | si-min |
| cidadania (f) | 시민권 | si-min-gwon |
| | | |
| brasão (m) de armas | 국장 | guk-jang |
| hino (m) nacional | 국가 | guk-ga |
| | | |
| governo (m) | 정부 | jeong-bu |
| Chefe (m) de Estado | 국가 수장 | guk-ga su-jang |
| parlamento (m) | 의회 | ui-hoe |
| partido (m) | 정당 | jeong-dang |
| | | |
| capitalismo (m) | 자본주의 | ja-bon-ju-ui |
| capitalista (adj) | 자본주의의 | ja-bon-ju-ui-ui |
| | | |
| socialismo (m) | 사회주의 | sa-hoe-ju-ui |
| socialista (adj) | 사회주의의 | sa-hoe-ju-ui-ui |
| | | |
| comunismo (m) | 공산주의 | gong-san-ju-ui |
| comunista (adj) | 공산주의의 | gong-san-ju-ui-ui |
| comunista (m) | 공산주의자 | gong-san-ju-ui-ja |
| | | |
| democracia (f) | 민주주의 | min-ju-ju-ui |
| democrata (m) | 민주주의자 | min-ju-ju-ui-ja |
| democrático (adj) | 민주주의의 | min-ju-ju-ui-ui |
| Partido (m) Democrático | 민주당 | min-ju-dang |
| | | |
| liberal (m) | 자유주의자 | ja-yu-ju-ui-ja |
| liberal (adj) | 자유주의의 | ja-yu-ju-ui-ui |
| conservador (m) | 보수주의자 | bo-su-ju-ui-ja |
| conservador (adj) | 보수적인 | bo-su-jeo-gin |
| | | |
| república (f) | 공화국 | gong-hwa-guk |
| republicano (m) | 공화당원 | gong-hwa-dang-won |
| Partido (m) Republicano | 공화당 | gong-hwa-dang |
| | | |
| eleições (f pl) | 선거 | seon-geo |
| eleger (vt) | 선거하다 | seon-geo-ha-da |
| eleitor (m) | 유권자 | yu-gwon-ja |

| campanha (f) eleitoral | 선거 운동 | seon-geo un-dong |
| votação (f) | 선거 | seon-geo |
| votar (vi) | 투표하다 | tu-pyo-ha-da |
| sufrágio (m) | 투표권 | tu-pyo-gwon |

| candidato (m) | 후보자 | hu-bo-ja |
| candidatar-se (vi) | 입후보하다 | i-pu-bo-ha-da |
| campanha (f) | 캠페인 | kaem-pe-in |

| da oposição | 반대의 | ban-dae-ui |
| oposição (f) | 반대 | ban-dae |

| visita (f) | 방문 | bang-mun |
| visita (f) oficial | 공식 방문 | gong-sik bang-mun |
| internacional (adj) | 국제적인 | guk-je-jeo-gin |

| negociações (f pl) | 협상 | hyeop-sang |
| negociar (vi) | 협상하다 | hyeop-sang-ha-da |

## 193. Política. Governo. Parte 2

| sociedade (f) | 사회 | sa-hoe |
| constituição (f) | 헌법 | heon-beop |
| poder (ir para o ~) | 권력 | gwol-lyeok |
| corrupção (f) | 부패 | bu-pae |

| lei (f) | 법률 | beom-nyul |
| legal (adj) | 합법적인 | hap-beop-jeo-gin |

| justeza (f) | 정의 | jeong-ui |
| justo (adj) | 공정한 | gong-jeong-han |

| comitê (m) | 위원회 | wi-won-hoe |
| projeto-lei (m) | 법안 | beo-ban |
| orçamento (m) | 예산 | ye-san |
| política (f) | 정책 | jeong-chaek |
| reforma (f) | 개혁 | gae-hyeok |
| radical (adj) | 급진적인 | geup-jin-jeo-gin |

| força (f) | 힘 | him |
| poderoso (adj) | 강력한 | gang-nyeo-kan |
| partidário (m) | 지지자 | ji-ji-ja |
| influência (f) | 영향 | yeong-hyang |

| regime (m) | 정권 | jeong-gwon |
| conflito (m) | 갈등 | gal-deung |
| conspiração (f) | 음모 | eum-mo |
| provocação (f) | 도발 | do-bal |

| derrubar (vt) | 타도하다 | ta-do-ha-da |
| derrube (m), queda (f) | 전복 | jeon-bok |
| revolução (f) | 혁명 | hyeong-myeong |
| golpe (m) de Estado | 쿠데타 | ku-de-ta |
| golpe (m) militar | 군사 쿠데타 | gun-sa ku-de-ta |

| | | |
|---|---|---|
| crise (f) | 위기 | wi-gi |
| recessão (f) econômica | 경기침체 | gyeong-gi-chim-che |
| manifestante (m) | 시위자 | si-wi-ja |
| manifestação (f) | 데모 | de-mo |
| lei (f) marcial | 계엄령 | gye-eom-nyeong |
| base (f) militar | 군사 거점 | gun-sa geo-jeom |
| | | |
| estabilidade (f) | 안정 | an-jeong |
| estável (adj) | 안정된 | an-jeong-doen |
| | | |
| exploração (f) | 착취 | chak-chwi |
| explorar (vt) | 착취하다 | chak-chwi-ha-da |
| | | |
| racismo (m) | 인종차별주의 | in-jong-cha-byeol-ju-ui |
| racista (m) | 인종차별주의자 | in-jong-cha-byeol-ju-ui-ja |
| fascismo (m) | 파시즘 | pa-si-jeum |
| fascista (m) | 파시스트 | pa-si-seu-teu |

## 194. Países. Diversos

| | | |
|---|---|---|
| estrangeiro (m) | 외국인 | oe-gu-gin |
| estrangeiro (adj) | 외국의 | oe-gu-gui |
| no estrangeiro | 해외로 | hae-oe-ro |
| | | |
| emigrante (m) | 이민자 | i-min-ja |
| emigração (f) | 이민 | i-min |
| emigrar (vi) | 이주하다 | i-ju-ha-da |
| | | |
| Ocidente (m) | 서양 | seo-yang |
| Oriente (m) | 동양 | dong-yang |
| Extremo Oriente (m) | 극동 | geuk-dong |
| | | |
| civilização (f) | 문명 | mun-myeong |
| humanidade (f) | 인류 | il-lyu |
| mundo (m) | 세계 | se-gye |
| paz (f) | 평화 | pyeong-hwa |
| mundial (adj) | 세계의 | se-gye-ui |
| | | |
| pátria (f) | 고향 | go-hyang |
| povo (população) | 국민 | gung-min |
| população (f) | 인구 | in-gu |
| gente (f) | 사람들 | sa-ram-deul |
| nação (f) | 국가 | guk-ga |
| geração (f) | 세대 | se-dae |
| | | |
| território (m) | 영토 | yeong-to |
| região (f) | 지방, 지역 | ji-bang, ji-yeok |
| estado (m) | 주 | ju |
| | | |
| tradição (f) | 전통 | jeon-tong |
| costume (m) | 풍습 | pung-seup |
| ecologia (f) | 생태학 | saeng-tae-hak |
| índio (m) | 인디언 | in-di-eon |
| cigano (m) | 집시 | jip-si |

| cigana (f) | 집시 | jip-si |
| cigano (adj) | 집시의 | jip-si-ui |

| império (m) | 제국 | je-guk |
| colônia (f) | 식민지 | sing-min-ji |
| escravidão (f) | 노예제도 | no-ye-je-do |
| invasão (f) | 침략 | chim-nyak |
| fome (f) | 기근 | gi-geun |

## 195. Grupos religiosos mais importantes. Confissões

| religião (f) | 종교 | jong-gyo |
| religioso (adj) | 종교의 | jong-gyo-ui |

| crença (f) | 믿음 | mi-deum |
| crer (vt) | 믿다 | mit-da |
| crente (m) | 신자 | sin-ja |

| ateísmo (m) | 무신론 | mu-sin-non |
| ateu (m) | 무신론자 | mu-sin-non-ja |

| cristianismo (m) | 기독교 | gi-dok-gyo |
| cristão (m) | 기독교도 | gi-dok-gyo-do |
| cristão (adj) | 기독교의 | gi-dok-gyo-ui |

| catolicismo (m) | 가톨릭 | ga-tol-lik |
| católico (m) | 가톨릭 신자 | ga-tol-lik sin-ja |
| católico (adj) | 가톨릭의 | ga-tol-li-gui |

| protestantismo (m) | 개신교 | gae-sin-gyo |
| Igreja (f) Protestante | 개신교 교회 | gae-sin-gyo gyo-hoe |
| protestante (m) | 개신교도 | gae-sin-gyo-do |

| ortodoxia (f) | 동방정교 | dong-bang-jeong-gyo |
| Igreja (f) Ortodoxa | 동방정교회 | dong-bang-jeong-gyo-hoe |
| ortodoxo (m) | 동방정교 신자 | dong-bang-jeong-gyo sin-ja |

| presbiterianismo (m) | 장로교 | jang-no-gyo |
| Igreja (f) Presbiteriana | 장로교회 | jang-no-gyo-hoe |
| presbiteriano (m) | 장로교 교인 | jang-no-gyo gyo-in |

| luteranismo (m) | 루터교회 | ru-teo-gyo-hoe |
| luterano (m) | 루터 교회 신자 | ru-teo gyo-hoe sin-ja |

| Igreja (f) Batista | 침례교 | chim-nye-gyo |
| batista (m) | 침례교도 | chim-nye-gyo-do |

| Igreja (f) Anglicana | 성공회 | seong-gong-hoe |
| anglicano (m) | 성공회 신자 | seong-gong-hoe sin-ja |
| mormonismo (m) | 모르몬교 | mo-reu-mon-gyo |
| mórmon (m) | 모르몬 교도 | mo-reu-mon gyo-do |

| Judaísmo (m) | 유대교 | yu-dae-gyo |
| judeu (m) | 유대인 | yu-dae-in |

| | | |
|---|---|---|
| budismo (m) | 불교 | bul-gyo |
| budista (m) | 불교도 | bul-gyo-do |
| hinduísmo (m) | 힌두교 | hin-du-gyo |
| hindu (m) | 힌두교도 | hin-du-gyo-do |
| Islã (m) | 이슬람교 | i-seul-lam-gyo |
| muçulmano (m) | 이슬람교도 | i-seul-lam-gyo-ui |
| muçulmano (adj) | 이슬람의 | i-seul-la-mui |
| xiismo (m) | 시아파 이슬람 | si-a-pa i-seul-lam |
| xiita (m) | 시아파 신도 | si-a-pa sin-do |
| sunismo (m) | 수니파 이슬람 | su-ni-pa i-seul-lam |
| sunita (m) | 수니파 신도 | su-ni-pa sin-do |

## 196. Religiões. Padres

| | | |
|---|---|---|
| padre (m) | 사제 | sa-je |
| Papa (m) | 교황 | gyo-hwang |
| monge (m) | 수도사 | su-do-sa |
| freira (f) | 수녀 | su-nyeo |
| abade (m) | 수도원장 | su-do-won-jang |
| vigário (m) | 교구 목사 | gyo-gu mok-sa |
| bispo (m) | 주교 | ju-gyo |
| cardeal (m) | 추기경 | chu-gi-gyeong |
| pregador (m) | 전도사 | jeon-do-sa |
| sermão (m) | 설교 | seol-gyo |
| paroquianos (pl) | 교구민 | gyo-gu-min |
| crente (m) | 신자 | sin-ja |
| ateu (m) | 무신론자 | mu-sin-non-ja |

## 197. Fé. Cristianismo. Islão

| | | |
|---|---|---|
| Adão | 아담 | a-dam |
| Eva | 이브 | i-beu |
| Deus (m) | 신 | sin |
| Senhor (m) | 하나님 | ha-na-nim |
| Todo Poderoso (m) | 전능의 신 | jeon-neung-ui sin |
| pecado (m) | 죄 | joe |
| pecar (vi) | 죄를 범하다 | joe-reul beom-ha-da |
| pecador (m) | 죄인 | joe-in |
| pecadora (f) | 죄인 | joe-in |
| inferno (m) | 지옥 | ji-ok |
| paraíso (m) | 천국 | cheon-guk |
| Jesus | 예수 | ye-su |

| | | |
|---|---|---|
| Jesus Cristo | 예수 그리스도 | ye-su geu-ri-seu-do |
| Espírito (m) Santo | 성령 | seong-nyeong |
| Salvador (m) | 구세주 | gu-se-ju |
| Virgem Maria (f) | 성모 마리아 | seong-mo ma-ri-a |
| | | |
| Diabo (m) | 악마 | ang-ma |
| diabólico (adj) | 악마의 | ang-ma-ui |
| Satanás (m) | 사탄 | sa-tan |
| satânico (adj) | 사탄의 | sa-tan-ui |
| | | |
| anjo (m) | 천사 | cheon-sa |
| anjo (m) da guarda | 수호천사 | su-ho-cheon-sa |
| angelical | 천사의 | cheon-sa-ui |
| | | |
| apóstolo (m) | 사도 | sa-do |
| arcanjo (m) | 대천사 | dae-cheon-sa |
| anticristo (m) | 적그리스도 | jeok-geu-ri-seu-do |
| | | |
| Igreja (f) | 교회 | gyo-hoe |
| Bíblia (f) | 성경 | seong-gyeong |
| bíblico (adj) | 성경의 | seong-gyeong-ui |
| | | |
| Velho Testamento (m) | 구약성서 | gu-yak-seong-seo |
| Novo Testamento (m) | 신약성서 | si-nyak-seong-seo |
| Evangelho (m) | 복음 | bo-geum |
| Sagradas Escrituras (f pl) | 성서 | seong-seo |
| Céu (sete céus) | 하늘나라 | ha-neul-la-ra |
| | | |
| mandamento (m) | 율법 | yul-beop |
| profeta (m) | 예언자 | ye-eon-ja |
| profecia (f) | 예언 | ye-eon |
| | | |
| Alá (m) | 알라 | al-la |
| Maomé (m) | 마호메트 | ma-ho-me-teu |
| Alcorão (m) | 코란 | ko-ran |
| | | |
| mesquita (f) | 모스크 | mo-seu-keu |
| mulá (m) | 물라 | mul-la |
| oração (f) | 기도 | gi-do |
| rezar, orar (vi) | 기도하다 | gi-do-ha-da |
| | | |
| peregrinação (f) | 순례 여행 | sul-lye yeo-haeng |
| peregrino (m) | 순례자 | sul-lye-ja |
| Meca (f) | 메카 | me-ka |
| | | |
| igreja (f) | 교회 | gyo-hoe |
| templo (m) | 사원, 신전 | sa-won, sin-jeon |
| catedral (f) | 대성당 | dae-seong-dang |
| gótico (adj) | 고딕 양식의 | go-dik gyang-si-gui |
| sinagoga (f) | 유대교 회당 | yu-dae-gyo hoe-dang |
| mesquita (f) | 모스크 | mo-seu-keu |
| | | |
| capela (f) | 채플 | chae-peul |
| abadia (f) | 수도원 | su-do-won |
| convento (m) | 수녀원 | su-nyeo-won |
| monastério (m) | 수도원 | su-do-won |

| | | |
|---|---|---|
| sino (m) | 종 | jong |
| campanário (m) | 종루 | jong-nu |
| repicar (vi) | 울리다 | ul-li-da |
| | | |
| cruz (f) | 십자가 | sip-ja-ga |
| cúpula (f) | 둥근 지붕 | dung-geun ji-bung |
| ícone (m) | 성상 | seong-sang |
| | | |
| alma (f) | 영혼 | yeong-hon |
| destino (m) | 운명 | un-myeong |
| mal (m) | 악 | ak |
| bem (m) | 선 | seon |
| | | |
| vampiro (m) | 흡혈귀 | heu-pyeol-gwi |
| bruxa (f) | 마녀 | ma-nyeo |
| demônio (m) | 악령 | ang-nyeong |
| espírito (m) | 정신, 영혼 | jeong-sin, yeong-hon |
| | | |
| redenção (f) | 구원 | gu-won |
| redimir (vt) | 상환하다 | sang-hwan-ha-da |
| | | |
| missa (f) | 예배, 미사 | ye-bae, mi-sa |
| celebrar a missa | 미사를 올리다 | mi-sa-reul rol-li-da |
| confissão (f) | 고해 | go-hae |
| confessar-se (vr) | 고해하다 | go-hae-ha-da |
| | | |
| santo (m) | 성인 | seong-in |
| sagrado (adj) | 신성한 | sin-seong-han |
| água (f) benta | 성수 | seong-su |
| | | |
| ritual (m) | 의식 | ui-sik |
| ritual (adj) | 의식의 | ui-si-gui |
| sacrifício (m) | 제물 | je-mul |
| | | |
| superstição (f) | 미신 | mi-sin |
| supersticioso (adj) | 미신의 | mi-sin-ui |
| vida (f) após a morte | 내세 | nae-se |
| vida (f) eterna | 영생 | yeong-saeng |

# TEMAS DIVERSOS

## 198. Várias palavras úteis

| | | |
|---|---|---|
| ajuda (f) | 도움 | do-um |
| barreira (f) | 장벽 | jang-byeok |
| base (f) | 근거 | geun-geo |
| categoria (f) | 범주 | beom-ju |
| causa (f) | 이유 | i-yu |
| | | |
| coincidência (f) | 우연 | u-yeon |
| coisa (f) | 물건 | mul-geon |
| começo, início (m) | 시작 | si-jak |
| cômodo (ex. poltrona ~a) | 편안한 | pyeon-an-han |
| comparação (f) | 비교 | bi-gyo |
| | | |
| compensação (f) | 배상 | bae-sang |
| crescimento (m) | 성장 | seong-jang |
| desenvolvimento (m) | 개발 | gae-bal |
| diferença (f) | 다름 | da-reum |
| efeito (m) | 효과 | hyo-gwa |
| | | |
| elemento (m) | 요소 | yo-so |
| equilíbrio (m) | 균형 | gyun-hyeong |
| erro (m) | 실수 | sil-su |
| esforço (m) | 노력 | no-ryeok |
| estilo (m) | 스타일 | seu-ta-il |
| | | |
| exemplo (m) | 예 | ye |
| fato (m) | 사실 | sa-sil |
| fim (m) | 끝 | kkeut |
| forma (f) | 모양 | mo-yang |
| | | |
| frequente (adj) | 빈번한 | bin-beon-han |
| fundo (ex. ~ verde) | 배경 | bae-gyeong |
| gênero (tipo) | 종류 | jong-nyu |
| grau (m) | 정도 | jeong-do |
| ideal (m) | 이상 | i-sang |
| | | |
| labirinto (m) | 미궁 | mi-gung |
| modo (m) | 방법 | bang-beop |
| momento (m) | 순간 | sun-gan |
| objeto (m) | 대상 | dae-sang |
| obstáculo (m) | 장애 | jang-ae |
| | | |
| original (m) | 원본 | won-bon |
| padrão (adj) | 기준의 | gi-jun-ui |
| padrão (m) | 기준 | gi-jun |
| paragem (pausa) | 정지 | jeong-ji |
| parte (f) | 부분 | bu-bun |

| | | |
|---|---|---|
| partícula (f) | 입자 | ip-ja |
| pausa (f) | 휴식 | hyu-sik |
| posição (f) | 위치 | wi-chi |
| princípio (m) | 원칙 | won-chik |
| | | |
| problema (m) | 문제 | mun-je |
| processo (m) | 과정 | gwa-jeong |
| progresso (m) | 진척 | jin-cheok |
| propriedade (qualidade) | 특질 | teuk-jil |
| | | |
| reação (f) | 반응 | ba-neung |
| risco (m) | 위험 | wi-heom |
| ritmo (m) | 완급 | wan-geup |
| segredo (m) | 비밀 | bi-mil |
| série (f) | 일련 | il-lyeon |
| | | |
| sistema (m) | 체계 | che-gye |
| situação (f) | 상황 | sang-hwang |
| solução (f) | 해결 | hae-gyeol |
| tabela (f) | 표 | pyo |
| termo (ex. ~ técnico) | 용어 | yong-eo |
| | | |
| tipo (m) | 형태, 종류 | hyeong-tae, jong-nyu |
| urgente (adj) | 긴급한 | gin-geu-pan |
| urgentemente | 급히 | geu-pi |
| utilidade (f) | 유용성 | yu-yong-seong |
| | | |
| variante (f) | 변종 | byeon-jong |
| variedade (f) | 선택 | seon-taek |
| verdade (f) | 진리 | jil-li |
| vez (f) | 차례 | cha-rye |
| zona (f) | 지대 | ji-dae |

www.ingramcontent.com/pod-product-compliance
Lightning Source LLC
Chambersburg PA
CBHW071340090426
42738CB00012B/2953